노인여가복지시설의
생활체육프로그램 참가가
심리적 복지에 미치는 영향

노인여가복지시설의 생활체육프로그램 참가가
심리적 복지에 미치는 영향

|김현숙 지음

ksi 한국학술정보㈜

머리말

이 연구는 노인여가복지시설의 생활체육프로그램 참가가 심리적 복지에 미치는 영향을 규명하는 데 목적이 있었다. 연구대상으로는 2006년 현재 충청권역에 거주하는 만 60세 이상의 노인으로 노인여가복지시설의 생활체육프로그램 참가자 308명이었다. 각 변인들이 포함된 설문지를 통하여 자료를 수집하였으며, 수집된 자료는 Windows用 SPSS/PC + 12.0 Version을 이용하여 분석하였으며, 분석기법은 요인분석(factor analysis)과 신뢰도(reliability analysis) 검증, 기술통계분석, 일원 변량분석(One-way analysis of variance), 표준중다회귀분석(standard multiple regression analysis) 그리고 AMOS 5.0을 이용한 공변량구조분석(Corvariance Structure Analysis)이었다.

이러한 연구방법의 절차와 방법을 통하여 다음과 같은 결론을 얻었다.

1. 인구통계학적 특성에 따라 여가만족 및 심리적 복지는 부분적으로 차이가 있었다.

  1) 노인의 인구통계학적 특성변인에 따라 여가만족은 부분적으로 차이가 있었다. 즉 연령에 있어서 75-79세 집단이 65-69세 집단보다 환경만족이 높으며, 배우자 유무에 따라 배우자가 없는 집단이 배우자가 있는 집단보다 환경적 만족과 생리적 만족이 높았다.

  2) 노인의 인구통계학적 특성변인에 따라 심리적 복지는 부분적으로 차이가 있었다. 먼저 생활만족은 과거 생활만족에 대한 평가가 여자가 남자보다, 사회봉사활동 유무에 따라 과거 생활만족에 대한 평가에

서는 사회봉사활동집단이 비활동집단보다 높게, 미래 생활만족에 대한 기대에서는 활동집단이 비활동집단보다 높았다. 그리고 고독감에서 사회적 관계의 단절에 대한 인지는 여자가 남자보다, 좌절에 대한 정서적 경험은 남자가 여자보다 높았다.

2. 노인여가복지시설의 생활체육프로그램 참가는 부분적으로 여가만족에 영향을 미친다.

1) 노인여가복지시설의 생활체육프로그램 참가 정도는 여가만족에 부분적으로 영향을 미친다. 즉 생활체육프로그램 참가 시간이 길수록 심리적, 교육적, 환경적, 사회적, 생리적 여가만족이 높았다. 그리고 자주 참가할수록 환경적, 사회적 여가만족이 높으며, 참가한 기간이 길수록 교육적, 사회적, 생리적 여가만족이 높았다.

2) 노인여가복지시설의 생활체육프로그램 참가 동기는 여가만족에 부분적으로 영향을 미친다. 자기개발 동기가 높을수록 심리적, 교육적, 환경적, 사회적 여가만족이 높으며, 가정지향 동기가 높을수록 교육적 여가만족이, 사교지향 동기가 높을수록 환경적 여가만족이 높았다.

3. 노인여가복지시설 생활체육프로그램 참가는 심리적 복지에 부분적으로 영향을 미친다.

1) 노인여가복지시설 생활체육프로그램 참가는 심리적 복지의 생활만족에 부분적으로 영향을 미친다. 참가 정도에 따라서는 참가 기간이 짧을수록 현재 생활만족에 대해 높게 평가하며, 참가 시간이 길수록 미래 생활만족에 대해 기대를 높게 평가하였다. 참가 동기에 따라서는 자기개발 동기가 높을수록 과거 생활만족, 현재 생활만족 및 미래 생활만족이 높았다. 그리고 가정지향 동기가 높을수록 과거 생활만족에 대한 평가가 높았으며, 건강지향 동기가 높을수록 미래 생활

만족에 대한 기대가 높았다.

2) 노인여가복지시설 생활체육프로그램 참가는 심리적 복지의 고독감에 부분적으로 영향을 미친다. 참가 정도에 따라서는 참가 빈도가 낮을수록 사회적 역할 상실감이 높으며, 참가 시간이 길수록 좌절에 대한 정서적 경험이 높았다. 참가 동기에 따라서는 건강지향 동기가 높을수록 사회적 역할 상실감, 사회적 관계의 단절에 대한 인지, 좌절에 대한 정서적 경험이 높았다. 자기개발 동기가 높을수록 사회적 역할 상실감과, 소외감에 대한 인지 그리고 사회적 관계의 단절에 대한 인지가 높았다. 가정지향 동기가 높을수록 사회적 역할 상실감, 소외감에 대한 인지가 높았으며, 사교지향 동기가 낮을수록 사회적 역할 상실감이 높았다.

4. 여가만족은 심리적 복지에 부분적으로 영향을 미친다.

1) 여가만족은 심리적 복지의 하위차원인 생활만족에 부분적으로 영향을 미친다. 즉 여가만족의 교육적 만족이 높을수록, 환경적 만족이 낮을수록 과거 생활만족에 대한 평가가 높았다. 휴식적 만족이 높을수록 현재 생활만족을 높게 인지하며 또한 교육적 만족과 휴식적 만족이 높을수록, 생리적 만족이 낮을수록 미래 생활만족에 대한 기대가 높았다.

2) 여가만족은 심리적 복지의 고독감에 부분적으로 영향을 미친다. 즉 여가만족의 교육적 만족과 휴식적 만족이 높을수록, 생리적 만족이 낮을수록 사회적 역할 상실감이 높았다. 또한 교육적 만족과 휴식적 만족이 높을수록, 생리적 만족이 낮을수록 고독감의 소외감에 대한 인지도가 높았고, 휴식적 만족이 높을수록 사회적 관계의 단절에 대한 인지도도 높았다. 그리고 교육적 만족과 휴식적 만족이 높을수록 소외감과 좌절에 대한 정서적 경험을 높게 인지하였다.

5. 노인여가복지시설 생활체육프로그램 참가와 여가만족 및 심리적 복지 간의 인과적 관계는 직·간접적인 효과가 있었다. 노인여가복지시설의 생활체육프로그램 참가 정도는 여가만족과 심리적 복지에 직접효과 및 여가만족을 통한 간접효과가 있었다. 생활체육프로그램 참가 동기는 여가만족 및 심리적 복지에 직·간접적인 효과가 있으며, 여가만족은 심리적 복지에 직접적인 효과가 있었다.

목 차

Ⅴ　논 의 | 155

Ⅵ   결론 및 제언 | 169

참고문헌 | 175

I. 서 론

1. 연구의 필요성

한국의 인구학적 변화는 50년 안에 가장 늙은 나라로서 경제 사회적으로 어마어마한 충격을 줄 것이라는 OECD의 보고처럼(동아일보, 2006. 1.) 유례없이 빠른 고령화사회로의 진입은 다양한 사회문제와 아울러 이 시대의 중요 이슈로 부각되고 있다. 우리나라는 이미 2000년에 65세 이상 노령인구 비율이 7%를 상회함으로써 고령화사회로 진입하였으며 2005년에는 9.1% 증가됨으로써 고령사회로 이환되는 예상시기도 더 빨라질 것으로 보인다. 이와 같은 추세대로라면 2000년에는 노인부양 부담 비율이 젊은 층(15세 이상, 64세 미만) 10명이 노인 1명을 부양했지만 2030년에는 젊은 층 3명이 노인 1명꼴로 부양해야 하는 결과를 초래(통계청, 2005)함으로써 부양인구의 감소와 함께 경제활동인구 증가율이 둔화됨으로써 사회, 경제적으로 많은 우려를 낳고 있다.

따라서 노인문제는 우리사회에서 개인의 문제를 넘어서 국가적 문제로 대두되고 있다. 이러한 사회상황에 적응하여 보다 노년기의 질 높은 삶을 영위하기 위한 노력은 국가, 사회의 정책적 노력과 아울러 개인적 노력이 또한 뒤따를 수밖에 없다. 특히 평균 수명 연장, 퇴직, 자녀의 독립 등으로 인하여 노년기에는 사회적 역할이나 책임에서 벗어나서 자유롭게 활용할 수 있는 여가시간이 증가하게 된다.

여가시간을 효과적으로 이용하는 것은 노년기의 적응과 삶의 만족도를 결정하는 매우 중요한 요인이지만, 현실은 특별히 하는 일 없이 무료하게 시간을 보내게 됨으로써 노인들은 고독, 소외, 만성적 무료함, 더 나아가 인생에 대한 불행감을 느낄 가능성이 많다. 또한 새로운 시대에 맞춰 노인문화도 새로워지고 있기 때문에 노인여가복지시설의 다양한 프로그램의 개발과 활용은 더욱 중요해진다. 일찍이 엔서니 기든스(Giddens, 2000)는 '제3의 길'에서 복지국가와 신자유주의국가를 넘어 새롭게 제시하는 사회정책은 '적극적 복지(psostitive welfare)' 개념이라고 하였다. 생활체육활동은 이러한 사회환경에 적합한 활동으로 개인적인 관심사에서 국가와 사회의 관심사로 떠오르고 있다. 또한 노년기의 여가활동 중에서도 특히 생활체육활동은 적극적 여가활동으로서 수준 높은 복지사회로 향해가는 기초가 된다고 할 수 있다. 현재 전국에 개설된 노인여가복지시설에서 제공하는 여가프로그램은 어느 정도 여가욕구를 충족시키는 데 기여를 하고 있다. 그중에서도 노인여가복지시설의 생활체육프로그램은 노인들에게 적극적 여가활동의 기회를 제공함으로써 여가혜택을 경험하게 한다.

따라서 스포츠 참여자들은 신체적 안녕뿐만 아니라 정신적, 심리적 차원을 모두 포함하는 총체적인 구조로서의 건강을 인식하고 있으며 신체운동이 근래에 점차 인기를 얻어가고 있다. 이는 체력의 향상에서 오는 심리적 이득에 대하여 기술하고 있고 지속적인 신체활동은 현대사회에서 급증하는 정신적인 스트레스를 감소시켜 사회심리적 건강에 긍정적인 효과가 있다는 과학적 연구 활동이 활발히 진행되어 대중들의 운동 참여에 많은 동기를 부여하고 있기 때문이다(Cox, 1991).

여가활동을 통해서 얻어진 여가만족이란 여가활동의 선택과 참가의 결과로서 개인을 형성·유도하거나 획득하는 긍정적 인식 또는 감정이라 할 수 있다(Beard & Ragheb, 1980). 여가 및 레크리에이션 그리고 놀이 활동 분야의 연구자들은 여가만족의 개념과 관련된 많은 사실을 규명하였는데 이들 연구에서 제시되고 있는 공통적인 여가만족의 개념은 여가만족을 인간이 충족시켜야만 하는 사회친화, 상호작용, 대인관계의 욕구충족에 의한 산물로 인식하고(London, Crandall & Seals, 1997; Neulinger & Raps), 물리적, 심리적, 감정적, 사회적, 정신적 건강 등에까지도 영향을 주고 있으며 그 밖의 많은 연구들도 여가만족이 여가활동에 크게 영향을 미치는 것으로 보고하고 있다(Compbell, Converse & Rodgers, 1979).

한편 심리적 복지에 대한 개념적 의미는 행복감 또는 생활만족과 우울감 또는 고독감 등으로서 이와 같은 변인들의 관계는 선후에 영향을 주는 관계가 아니라 오히려 수평적 또는 대응적 관계로 평가되고 있다. Bradburn(1969)은 복지를 긍정적인 복지(positive well-being)와 부정적인 복지(negative well-being)로 분류하였다. 강인 등(1998), 고승덕 등(1997), 이선미(2001), 하양숙(1991)은 긍정적인 차원에서 생활만족도를, 부정적인 차원에서 우울을 측정하여 심리적 복지를 평가하였고, 박수정(1992)은 자아존중감, 생활만족도, 우울을, 윤순덕(2004)은 긍정적 정서로 행복감과 부정적 정서로 고독감, 인지적 측면에서 생활만족도를 심리적 복지에 포함시켰다. Adelmann(1994)은 노인의 심리적 복지를 평가하면서 생활만족도, 우울, 자아효능감을 측정하였다. 이처럼 심리적 복지를 측정하는 척도가 연구자에 따라 일관성 있게 사용되지 않고 있지만 대체로 최근의 연구들은 생활만족도, 자아존중감과 같은 긍정적 차원과 우울이나 불안 그리고 고독감 같은 부정적 차원으로 심리적 복지를 정의하고 측정하는 경우가 일반적이다. 이러한 관점에서 노인의 심리적 복지와 관련 연구들은 일반 사회복지학, 사회학 분야에서 더욱 심도 있게 연구되고 있다.

국외의 심리적 복지 관련 연구들을 살펴보면 심리적 복지의 개념적 차원에서의 연구들(Kahn & Juster, 2002; Keyes, 2002; Krause, Herzog & Baker, 1992; Pinquart & Sorensen, 2000; Pot & Deeg & Van Dyck, 1997)이 이루어지고 있다. 그리고 비교적 최근에는 신체적 활동과 심리적

복지 또는 안녕감 간의 관계를 규명하여 의미 있는 결과를 보고한 연구들 (Lotan, Merrick & Gamell, 2005; Gignac, 2003; Litwin & Shiovitz-Ezra, 2006; Netz, Wu, Becker & Tenenbaum, 2005; Scully, Kremer, Meade, Graham & Dudgeon, 1998)도 있다. 한편 국내의 연구들(김다율, 2006; 김영혜, 2004; 김혜신, 2003; 이선미, 2001; 이신숙, 2002; 임창희, 2004; 장문영, 2002; 조아영, 2003)에서도 심리적 복지에 대한 다양한 접근이 시도되고 있다. 그러나 체육학 분야에서는 대상과 변인설정 면에서 다소 지엽적인 양상을 보이고 있다.

즉 심리적 복지 개념을 적용한 연구(유수정, 2002)에서는 일반 댄스스포츠참가자를 대상으로 하였으며, 노인을 대상으로 한 연구(김경식, 1996; 김종도, 2002; 민경훈, 1996; 원효순, 2000; 이성철, 임용환, 2003)들에서도 심리적 복지의 하위차원 구성변인인 생활만족에 국한하고 있다. 이에 반해 노인의 심리적 복지측면을 설명한 연구(김동건, 조민행, 2004; 노은이, 2004; 이상구, 1998; 이종영, 2005; 임경희, 2006)들은 비교적 최근에 이루어지고 있는 실정이다. 따라서 노인의 심리적 복지는 사회적 활동, 신체적 활동, 여가활동 등 다양한 국면의 과정으로 경험되는 측면에서 논의되어야 하며, 노인의 삶의 질을 설명하려는 데에 지속적인 문제의식을 제기하여야 할 것이다.

이와 관련한 연구들에서 살펴보았듯이 심리적 복지라는 개념은 생활체육과 관련하여 폭넓게 수용되거나 설명함에 있어서 지속적인 학문적 논의의 필요성을 제기하고 있는 실정이다. 따라서 노인여가복지시설에 개설된 생활체육프로그램 참가와 여가만족 및 심리적 복지(생활만족과 고독감)의 관계를 규명함으로써 새로운 학문적 논제를 제시하고 노인의 여가기회의 확대와 실천방향에 실증적 자료를 제시할 것으로 기대된다.

2. 연구목적 및 연구문제

본 연구에서는 노인여가복지시설의 생활체육프로그램 참가가 여가만족 및 심리적 복지에 미치는 영향을 규명하는 데 목적이 있다. 이를 위하여 노인의 인구통계학적 특성변인들에 의한 여가만족 및 심리적 복지의 영향을 살펴보고, 생활체육프로그램 참가가 여가만족 및 심리적 복지 간에 어떻게 영향을 미치는지에 대하여 규명하고자 한다. 이러한 연구목적을 달성하기 위하여 다음과 같은 구체적인 연구문제를 설정하였다.

첫째, 인구통계학적 특성변인에 따라 여가만족 및 심리적 복지의 차이가 있는가?

둘째, 노인여가복지시설의 생활체육프로그램 참가가 여가만족에 영향을 미치는가?

셋째, 노인여가복지시설의 생활체육프로그램 참가가 심리적 복지에 영향을 미치는가?

넷째, 여가만족이 심리적 복지에 영향을 미치는가?

다섯째, 노인여가복지시설 생활체육프로그램 참가와 여가만족 및 심리적 복지 간에는 인과관계가 있을 것인가?

3. 연구변인 및 연구가설

1) 연구변인

본 연구에서는 노인여가복지시설의 생활체육프로그램 참가에 따른 심리적 복지(생활만족, 고독감)의 인과적 영향을 규명하기 위하여 〈그림 1〉과 같이 연구변인을 설정하고 연구모형을 제시하였다.

그림 1. 생활체육프로그램 참가와 심리적 복지 간의 인과관계에 대한 연구모형

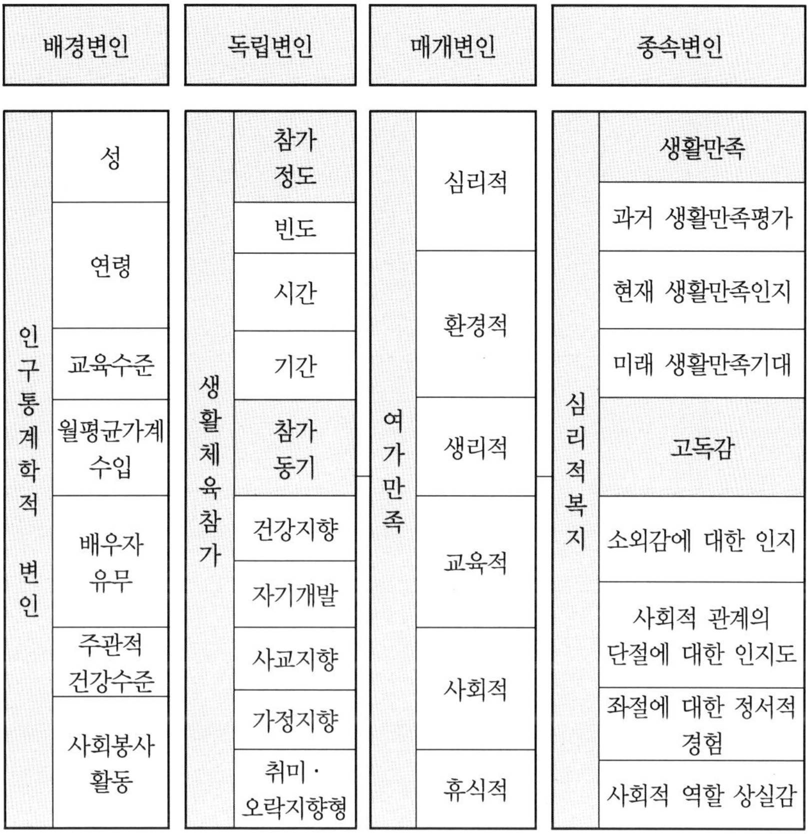

배경변인	독립변인	매개변인	종속변인
인구통계학적 변인	성	생활체육참가	참가 정도	여가만족	심리적	심리적 복지	생활만족
	연령		빈도				과거 생활만족평가
			시간		환경적		현재 생활만족인지
	교육수준		기간				미래 생활만족기대
	월평균가계수입		참가 동기		생리적		고독감
	배우자 유무		건강지향		교육적		소외감에 대한 인지
			자기개발				사회적 관계의 단절에 대한 인지도
	주관적 건강수준		사교지향		사회적		좌절에 대한 정서적 경험
	사회봉사 활동		가정지향				사회적 역할 상실감
			취미·오락지향형		휴식적		

이러한 변인들은 선행연구 및 문헌 등에서 부분적으로 생활체육참가와 심리적 복지 간에 긍정적 영향이 있는 것으로 직·간접적인 근거를 제시하고 있다.

따라서 독립변인인 노인여가복지시설의 생활체육프로그램 참가(참가 정도, 참가 동기)는 매개변인인 여가만족을 통해 직·간접적으로 종속변인인 심리적 복지(생활만족, 고독감)에 긍정적 혹은 부정적으로 영향을 미칠 수 있음을 예상할 수 있다. 이로 인해 본 연구에서는 독립변인으로 노인여가복지시설의 생활체육프로그램 참가(참가 정도와 참가 동기), 매개변인으로 여가만족, 종속변인으로 심리적 복지(생활만족, 고독감)를 설정하게 되었다. 즉 선행연구를 통해 밝혀진 단일요인들의 부분적인 인과모형을 중심으로 노인여가복지시설의 생활체육프로그램 참가와 여가만족 및 심리적 복지(생활만족, 고독감) 간의 가설적 인과모형을 설정하여 그 관계를 검증하고자 한다.

2) 연구가설

위와 같은 연구변인을 기초로 본 연구에서 검증하고자 하는 노인여가복지시설의 생활체육프로그램 참가와 심리적 복지(생활만족, 고독감) 간의 인과관계를 규명하고자 다음과 같은 연구가설을 설정하였다.

가설 Ⅰ. 인구통계학적 특성변인에 따른 여가만족 및 심리적 복지에는 차이가 있을 것이다.

Ⅰ-1. 인구통계학적 특성변인에 따라 여가만족에는 차이가 있을 것이다.
Ⅰ-2. 인구통계학적 특성변인에 따라 심리적 복지에는 차이가 있을 것이다.

가설 Ⅱ. 노인여가복지시설의 생활체육프로그램 참가는 여가만족에 영향을 미칠 것이다.

Ⅱ-1. 노인여가복지시설의 생활체육프로그램 참가 정도는 여가만족에 영향을 미칠 것이다.

Ⅱ-1-1. 노인여가복지시설의 생활체육프로그램 참가 정도는 심리적 여가만족에 영향을 미칠 것이다.

Ⅱ-1-2. 노인여가복지시설의 생활체육프로그램 참가 정도는 교육적 여가만족에 영향을 미칠 것이다.

Ⅱ-1-3. 노인여가복지시설의 생활체육프로그램 참가 정도는 환경적 여가만족에 영향을 미칠 것이다.

Ⅱ-1-4. 노인여가복지시설의 생활체육프로그램 참가 정도는 사회적 여가만족에 영향을 미칠 것이다.

Ⅱ-1-5. 노인여가복지시설의 생활체육프로그램 참가 정도는 생리적 여가만족에 영향을 미칠 것이다.

Ⅱ-1-6. 노인여가복지시설의 생활체육프로그램 참가 정도는 휴식적 여가만족에 영향을 미칠 것이다.

Ⅱ-2. 노인여가복지시설의 생활체육프로그램 참가 동기는 여가만족에 영향을 미칠 것이다.

Ⅱ-2-1. 노인여가복지시설의 생활체육프로그램 참가 동기는 심리적 여가만족에 영향을 미칠 것이다.

Ⅱ-2-2. 노인여가복지시설의 생활체육프로그램 참가 동기는 교육적 여가만족에 영향을 미칠 것이다.

Ⅱ-2-3. 노인여가복지시설의 생활체육프로그램 참가 동기는 환경적 여가만족에 영향을 미칠 것이다.

Ⅱ-2-4. 노인여가복지시설의 생활체육프로그램 참가 동기는 사회적 여가만족에 영향을 미칠 것이다.

Ⅱ-2-5. 노인여가복지시설의 생활체육프로그램 참가 동기는 생리적 여가만족에 영향을 미칠 것이다.

Ⅱ-2-6. 노인여가복지시설의 생활체육프로그램 참가 동기는 휴식적

여가만족에 영향을 미칠 것이다.

가설 Ⅲ. 노인여가복지시설의 생활체육프로그램 참가는 심리적 복지에 영향을 미칠 것이다.

Ⅲ-1. 노인여가복지시설의 생활체육프로그램 참가 정도는 심리적 복지에 영향을 미칠 것이다.
　　Ⅲ-1-1. 노인여가복지시설의 생활체육프로그램 참가 정도는 심리적 복지의 생활만족 하위차원인 과거 생활만족에 대한 평가에 영향을 미칠 것이다.
　　Ⅲ-1-2. 노인여가복지시설의 생활체육프로그램 참가 정도는 심리적 복지의 생활만족의 하위차원인 현재 생활만족에 대한 인지에 영향을 미칠 것이다.
　　Ⅲ-1-3. 노인여가복지시설의 생활체육프로그램 참가 정도는 심리적 복지의 생활만족 하위차원인 미래 생활만족에 대한 기대에 영향을 미칠 것이다.

Ⅲ-2. 노인여가복지시설의 생활체육프로그램 참가 동기는 심리적 복지의 생활만족에 영향을 미칠 것이다.
　　Ⅲ-2-1. 노인여가복지시설의 생활체육프로그램 참가 동기는 생활만족의 하위차원인 과거 생활만족에 대한 평가에 영향을 미칠 것이다.
　　Ⅲ-2-2. 노인여가복지시설의 생활체육프로그램 참가 동기는 생활만족의 하위차원인 현재 생활만족에 대한 인지에 영향을 미칠 것이다.
　　Ⅲ-2-3. 노인여가복지시설의 생활체육프로그램 참가 동기는 생활만

족의 하위차원인 미래 생활만족에 대한 기대에 영향을 미
칠 것이다.

Ⅲ-3. 노인여가복지시설의 생활체육프로그램 참가 정도는 심리적 복지
　　의 고독감에 영향을 미칠 것이다.
　Ⅲ-3-1. 노인여가복지시설의 생활체육프로그램 참가 정도는 고독감
　　　　의 하위차원인 사회적 역할 상실감에 영향을 미칠 것이다.
　Ⅲ-3-2. 노인여가복지시설의 생활체육프로그램 참가 정도는 고독감
　　　　의 하위차원인 소외감에 대한 인지도에 영향을 미칠 것이다.
　Ⅲ-3-3. 노인여가복지시설의 생활체육프로그램 참가 정도는 하위차
　　　　원인 사회적 관계의 단절에 대한 인지도에 영향을 미칠 것
　　　　이다.
　Ⅲ-3-4. 노인여가복지시설의 생활체육프로그램 참가 정도는 고독감
　　　　의 하위차원인 좌절에 대한 정서적 경험에 영향을 미칠 것
　　　　이다.

Ⅲ-4. 노인여가복지시설의 생활체육프로그램 참가 동기는 심리적 복지
　　의 고독감에 영향을 미칠 것이다.
　Ⅲ-4-1. 노인여가복지시설의 생활체육프로그램 참가 동기는 고독감
　　　　의 하위차원인 사회적 역할 상실감에 영향을 미칠 것이다.
　Ⅲ-4-2. 노인여가복지시설의 생활체육프로그램 참가 동기는 고독감
　　　　의 하위차원인 소외감에 대한 인지도에 영향을 미칠 것이다.
　Ⅲ-4-3. 노인여가복지시설의 생활체육프로그램 참가 동기는 고독감
　　　　의 하위차원인 사회적 관계의 단절에 대한 인지도에 영향
　　　　을 미칠 것이다.
　Ⅲ-4-4. 노인여가복지시설의 생활체육프로그램 참가 동기는 고독감

의 하위차원인 좌절에 대한 정서적 경험에 영향을 미칠 것이다.

가설 Ⅳ. 노인의 여가만족은 심리적 복지에 영향을 미칠 것이다.

Ⅳ-1. 노인의 여가만족은 심리적 복지의 생활만족에 영향을 미칠 것이다.
  Ⅳ-1-1. 노인의 여가만족은 심리적 복지의 생활만족 하위차원인 과거 생활만족에 대한 평가에 영향을 미칠 것이다.
  Ⅳ-1-2. 노인의 여가만족은 심리적 복지의 생활만족 하위차원인 현재 생활만족에 대한 인지에 영향을 미칠 것이다.
  Ⅳ-1-3. 노인의 여가만족은 심리적 복지의 생활만족 하위차원인 미래 생활만족에 대한 기대에 영향을 미칠 것이다.

Ⅳ-2. 노인의 여가만족은 심리적 복지의 고독감에 영향을 미칠 것이다.
  Ⅳ-2-1. 노인의 여가만족은 심리적 복지의 고독감의 하위차원인 사회적 역할 상실감에 영향을 미칠 것이다.
  Ⅳ-2-2. 노인의 여가만족은 심리적 복지의 고독감의 하위차원인 소외감에 대한 인지도에 영향을 미칠 것이다.
  Ⅳ-2-3. 노인의 여가만족은 심리적 복지의 고독감의 하위차원인 사회적 관계의 단절에 대한 인지도에 영향을 미칠 것이다.
  Ⅳ-2-4. 노인의 여가만족은 심리적 복지의 고독감의 하위차원인 좌절에 대한 정서적 경험에 영향을 미칠 것이다.

가설 Ⅴ. 노인여가복지시설 생활체육프로그램 참가와 여가만족 및 심리적 복지 간에는 인과관계가 있을 것이다.

4. 연구의 제한점

본 연구는 통제변인으로 사용된 배경변인 및 연구대상, 측정도구, 변인 선정 등에서 발생될 수 있는 문제점으로 인하여 다음과 같은 제한점을 갖는다.

첫째, 본 연구는 충청권 지역에 소재하고 있는 노인여가복지시설 생활 체육프로그램 참가자를 연구대상으로 선정하였다. 따라서 연구 참가자가 지역의 편향을 극복할 수 없기 때문에 전국적인 추세로 받아들이기에는 주의가 요구된다.

둘째, 본 연구에서는 노인의 개인적 특성과 성취적 특성을 포함하여 노인의 생활체육 참가와 여가만족 및 심리적 복지의 인과관계를 규명하였으나 통제변인으로 사용된 이들 배경변인 외의 영향력을 통제할 수 없으며, 연구모형에서 변인의 선정 및 노인들의 심리적 기저로 인하여 해석에 있어서 신중한 주의가 요구된다.

5. 용어의 정의

1) 노인여가복지시설

노인여가시설이란 노인이 여가활동을 즐길 수 있는 모든 시설을 의미하며 일반 사람들이 이용하는 공원, 박물관, 농원, 사찰, 영화관, 스포츠시설, 사설유흥장을 포함한다. 노인복지법에서 규정하고 있는 노인여가복지시설로는 경로당, 노인교실, 노인복지관, 노인휴양소 등은 노인복지법 제36조 제2항에 규정하고 있는 시설을 의미하며, 1997년 노인복지법 개정을 통해서 경로당, 노인교실, 노인휴양소는 노인여가시설에 속하며, 노인복지관은

노인복지시설에 속하고 있다. 노인복지관은 노인복지회관과 노인종합복지
관으로 구별하고 있지만 일반적으로 노인복지회관이란 명칭으로 사용되고
있다(오병세, 2000). 본 연구에서는 노인복지법에 규정하고 있는 노인여가
시설로서 생활체육프로그램을 설치하여 운영하는 시설로 규정한다.

2) 생활체육프로그램 참가

(1) 생활체육체육프로그램 참가 정도

본 연구에서의 생활체육프로그램 참가는 생활체육의 일반적 개념에 근
거하여 정의된다. 즉 생활체육은 사회구성원이 각자의 업무에 종사하지
않는 여가시간에 자발적인 참가의지에 의하여 창출되는 운동수요의 충
족을 위한 사회적 노력의 총체를 의미하며 생활체육관련 조직 또는 시
설을 중심으로 이루어진다. 본 연구에서는 생활체육참가 정도의 평가기준
을 Kenyon과 Schutz(1970)에 의해 제시된 스포츠 참가의 구성 개념의 한
형태로서 참가 빈도, 기간, 시간 등 3가지 요소로 정의한 개념적 차원에서
근거하였다.

(2) 생활체육참가 동기

개인이 특별한 스포츠나 신체활동에 참여하게 되는 것은 흥미가 있거나
어떤 이유가 있기 때문이다. 스포츠나 신체활동에 참여하는 과정에서 그
것 자체로서의 의미를 수용하여 발전시킬 수 있기 때문에 참가 동기는 독
립변인으로 다루어진다. 생활체육참가 동기를 측정하는 개념은 Iso-Ahola
와 Allen(1982)이 개발한 스포츠참가 동기 측정도구에 근거하고 있다. 이
것은 이철화(1995)에 의해서 우리나라에 소개되었으며, 하위요인은 건강

지향형, 자기개발형, 사교지향형, 가정지향형, 취미·오락지향형 등의 5가
지 차원으로 정의한다.

3) 여가만족

여가만족은 여가활동의 선택과 참가의 결과로서 개인이 형성하거나 유도
하거나 획득하는 긍정적 인식 또는 감정으로 정의된다(Beard & Ragheb,
1980). 즉 일반적인 여가경험이나 상황에 대하여 즐거워하거나 만족해하는
정도를 의미한다. 본 연구에서의 여가만족은 노인의 생활체육활동 참가를
통하여 느껴지는 정도로서 여가만족척도(Leisure Satisfaction Scale: LSS)
로 측정되며, 심리적, 교육적, 사회적, 생리적, 환경적, 휴식적 등 총 6개의
하위차원으로 구성된다.

4) 심리적 복지

심리적 복지(psychological well-being)란 전반적인 삶에 대한 주관적인
평가로서 삶의 과정에 있어 성공적인 적응을 측정하는 개념이다. 심리적
복지에 관한 연구들은 크게 두 가지 경향이 있다. 그 하나는 우울, 분노,
적대감, 공포, 술과 약물남용, 심리적 장애 등과 같은 심리적 역기능을 연
구하는 것이고, 두 번째 경향은 긍정적인 정신건강의 측면을 강조하는 것
이다(Marks, 1996). 심리적 복지에 대한 접근에 있어서도 긍정적 측면과
부정적 측면을 일직선상에서 파악하는 일차원적 접근과 독립적인 영역으
로 파악하는 이차원적 접근으로 나누어 볼 수 있다. 심리적 복지의 개념
을 행복감이나 만족 등의 긍정적 측면과 슬픔, 우울 등의 심리적 역기능
을 연속된 단일차원에 놓고 양극적인 개념으로 정의하는 것에 대한 의문
을 갖기 시작하였다(Stallings & Dunham, 1997). 따라서 양극적 개념을

통합할 수 있는 새로운 개념으로의 접근이 시도되었는데 그 대표적인 연구자가 Bradburn이다. Bradburn(1969)은 복지를 긍정적인 복지(positive well-being)와 부정적인 복지(negative well-being)로 분류하였다. 본 연구에서는 긍정적 복지차원을 생활만족으로, 부정적 복지차원을 고독감으로 정의하여 평가한다.

(1) 생활만족

생활만족은 사기(Lawton, 1973), 공인된 행복, 실제 생활에서 경험하는 긍정적·부정적 감정에 대한 주관적 평가(Maddox, 1987), 생활에 대한 정의적 반응(Okun, et al., 1987) 등 학자에 따라 다양하게 정의되고 있다. 이와 더불어 생활만족은 적응, 심리적 복지, 성공적인 노화, 사기 등으로 개념화되기도 한다. 본 연구에서는 심리적 복지차원으로 최성재(1986)의 노인 생활만족 개념 정의에 기초하여 노인 생활만족을 과거 및 현재의 삶과 활동에 대한 전반적인 평가와 미래의 삶의 활동 전망에 대한 긍정적 인지 정도로 정의하였다.

(2) 고독감

고독감은 장기간 사회적 친숙관계를 유지해 오던 사람을 잃거나 이전에 수행하여 오던 사회적 역할을 상실하였을 경우에 느끼는 슬픔과 좌절의 정서적 경험으로 정의한다. 이러한 고독감은 노인에게 있어서 역동적인 사회활동으로부터 격리되고 고립되어 있다는 정서적 경험을 하게 함으로써 신체적·정신적 부조화를 유발한다(Rathbone et al., 1982). 본 연구에서는 심리적 복지인 부정적 측면을 평가하는 관점에서 노인이 일상생활에서 생활환경 및 상태의 변화로부터 비롯된 관계 상실의 자극으로 인하여 경험하는 부정적인 심리적 상태라고 정의한다. 이것은 Russell과 Peplau 그리고 Cutrona(1980)가 제시한 것으로 역할 상실에 대한 정서적 상실감, 소외감에 대한 인지도, 사회적 관계의 단절에 대한 인지도, 좌절에 대한 정서적 경험 등 4개의 하위차원으로 영역화된다.

Ⅱ. 이론적
배경

1. 노인여가복지시설과 생활체육프로그램

1) 노인여가복지시설

노인복지시설은 모든 노인복지대책을 수행하는 제반시설이라고 볼 수 있으며, 이는 물리적 시설을 통한 노인복지대책을 의미한다. 따라서 노인복지시설은 노인복지 서비스를 제공하는 장소적 의미를 지니고 있다(김미애, 1994: 10). 그동안 한국의 노인복지시설이 무의무탁한 노인들을 대상으로 보완적이고 문제해결 위주의 시설보호 기능을 수행해 왔다면, 이제는 예방적이고 제도적인 차원에서 삶의 질 수준 향상을 도모하는 노인의 포괄적인 욕구해결에 필요한 관련 서비스 및 프로그램을 제공하는 기능으로 탈바꿈해야 할 것이다. 노인복지시설에서 제공되어야 할 포괄적 욕구해결 기능 중에서 가장 우선적 기능은 노인의 질병 및 건강관리와 보람 있는 생활 및 문화·사회활동관리로 크게 구별할 수 있으며, 질병관리와 생활관리의 구성비율에 따라서 노인복지시설의 종류와 형태가 구분된다. 그리고 질병관리는 그 정도에 따라 시설과 기관 형태를 달리하여 노인복지시설과의 연계 속에서 지속적 관리가 가능할 수 있도록 체계화되어야 할 것이다(임춘식, 2001).

한편 1999년 8월 개정된 우리나라 노인주거복지시설(양로시설, 실비양로시설, 유료양로시설, 실비노인복지주택, 유료노인복지주택), 노인의료복지

시설(노인양로원, 실비노인요양시설, 유료노인요양시설, 노인전문요양시설,
유료노인전문요양시설, 노인전문병원), 노인여가복지시설(노인복지회관, 경
로당, 노인교실, 노인휴양소), 재가복지시설(가정봉사원 파견시설, 주간보
호시설, 단기보호시설)들의 4가지 유형 내에 18종류로 규정하고 있다.

　　노인복지시설은 서비스 제공장소에 따라 시설복지(노인주거복지시설, 노
인의료복지시설)와 재가복지(노인여가복지시설, 재가노인복지시설)로 구분
하며, 이는 다시 입소자의 비용부담 성격에 의해 무료시설, 실비시설, 유료
시설로 구분한다(박차상 외, 2002: 208).

표 1. 노인복지시설현황

종류	시설	입소대상자
노인주거 복지시설	양로시설	기초생활대상자노인 또는 생활보장대상노인 아닌 65세 이상의 자 중 그 부양의무자로부터 적절한 부양을 받지 못하는 자로서 일상생활에 지장이 없는 자.
	실비양로시설	실비보호대상자[1]로서 일상생활에 지장이 없는 65세 이상의 자
	유료양로시설	일상생활에 지장이 없는 60세 이상의 자
	실비 종합복지주택	실비보호대상자로서 단독취사 등 독립된 주거생활을 하는 데 지장이 없는 65세 이상의 자
	유료 노인복지주택	단독취사 등 독립된 주거생활을 하는 데 지장이 없는 60세 이상의 자
노인의료 복지시설	노인요양시설	생활보호대상노인 또는 저소득 노인으로서 노인성질환 등으로 요양을 필요로 하는 자
	실비 노인요양시설	실비보호대상자로서 노인성질환 등으로 요양을 필요로 하는 65세 이상의 자
	유료 노인요양시설	노인성질환 등으로 요양을 필요로 하는 60세 이상의 자
	노인전문 요양시설	생활보호대상노인 또는 저소득 노인으로서 치매·중풍 등 중증 노인성질환으로 요양을 필요로 하는 자
	유료노인 전문요양시설	치매·중풍 등 중증 노인성질환으로 요양을 필요로 하는 60세 이상의 자
	노인전문병원	가. 노인성질환으로 치료 및 요양을 필요로 하는 자 나. 임종을 앞둔 환자

종류	시설	입소대상자
노인여가 복지시설	노인복지회관	60세 이상의 자
	경로당	65세 이상의 자
	노인교실	60세 이상의 자
	노인휴양소	60세 이상의 자 및 그와 동행하는 자. 다만, 이용인원이 정원에 미달하는 때에는 정원의 100분의 30의 범위 안에서 그 외의 자도 이용할 수 있다.
재가노인 복지시설	가정봉사원 파견시설	신체적·정신적 장애로 일상생활을 영위하기 곤란한 자로서 가정에서의 보호가 필요한 자
	주간보호시설	심신이 허약하거나 장애가 있는 자로서 낮 동안의 보호가 필요한 자
	단기보호시설	심신이 허약하거나 장애가 있는 자로서 단기간의 보호가 필요한 자

자료: 1) 보건복지부, 「2003년도 노인복지시설 현황」, 2003

　　우리나라 노인복지시설은 주로 부양가족이 없는 무의무탁 노인을 위한 무료양로시설에만 국한되어 왔으나, 1993년 노인복지법의 개정으로 이제까지 사회복지법인 및 비영리법인 단체에게 허용했던 유료노인복지시설의 운영을 민간기업 및 개인에게 허가함에 따라 노인복지시설 및 노인주택의 운영설치에 대한 관심이 고조되고 있다(임춘식, 2001). 현재 우리나라의 노인복지시설의 종류와 입소대상 자격을 요약하면 〈표 1〉과 같다.

　　현행 우리나라의 노인복지시설의 현황을 유형별로 구분하여 살펴보면, 노인주거 및 의료시설의 경우 2002년 12월 말 현재 전국에 총 295개소(양로시설 120개, 복지주택 4개, 요양시설 120개, 전문요양시설 51개)가 있으며, 노인여가시설의 경우는 전국적으로 47358개(노인복지회관 123개, 경로당 46589개, 노인교실, 642개, 노인휴양소 4개)의 시설이 있다. 노인재가복

---

1) 본인 및 그 배우자가 부양의무자의 월 소득을 합산한 금액을 가구원수로 나누어 얻은 1인당 월평균 소득액이 통계청장이 고시하는 전년도 도시근로자가구 월평균 소득을 전년도의 평균 가구원수로 나누어 얻은 1인당 월평균 소득액 이하 인자.

지시설은 전국적으로 가정봉사원파견시설이 165개소, 주간보호시설 155개소, 단기보호시설 48개소로 총 368개소가 있다.

우리나라 노인주거 및 요양시설의 수용인원은 총 295개소에 입소정원은 23,495명, 실제 입소인원은 17,312명으로 평균 수용률이 74%로 나타나고 있다. 이처럼 입소인원이 저조한 이유는 시설의 입·퇴소 조건 및 절차의 복잡성, 시설 피수용자의 보호기준 미달, 지역사회와 시설의 협조체계 및 역할 분담의 미비, 분야별 시설의 체계 및 전문인원의 미확보 그리고 노인복지시설에 대한 일반 노인의 몰이해 및 편견 등이 문제점으로 제기될 수 있을 것이다(임춘식, 2001: 257).

반면 노인재가복지시설의 경우에는 총 368개소에 이용정원은 17,973명이며 실제 이용인원은 18,405명으로 평균 이용률이 102%에 다하고 있다. 특히 가정봉사파견시설은 14,667명 정원에 14,947명 이용, 단기보호시설은 599명 정원에 769명이 이용하는 것으로 나타나 이들 시설에 대한 수요가 많음을 알 수 있다. 또한 재가복지시설에 있어서 시·도별 시설 수의 차이는 매우 크며, 특히 전체 노인인구 중 지역 내 노인인구의 비율과 비교하여 볼 때 시·도별 편차는 더욱 크게 나타난다.[2]

따라서 단기적으로는 수요가 많은 노인재가복지시설의 수를 확충하는 한편 노인의료시설의 확충과 이에 대한 입소율을 제고시키기 위한 입소자격 등의 조정 및 지역별 안배가 필요하리라 본다. 한편, 노인복지법상 노인여가시설로 규정되어 있는 노인복지회관, 경로당, 노인교실, 노인휴양소는 전국적으로 47,358개소가 있다. 전국 대부분의 동과 리 단위까지 설치되어 있는 가장 보편적으로 접근될 수 있는 경로당은 2002년 말 46,589개

---

[2] 노인인구분포와 재가복지시설의 분포를 비교해 보면, 강원도를 제외한 8개 도 지역의 경우는 노인인구 비율에 비해 재가복지시설의 비율이 낮게 나타난다. 특히 경기도의 경우 전국 노인인구수 대비 경기도 거주노인비율이 15.4%인 것에 반해, 재가복지시설 설치 비율은 10.6%로 낮게 나타나며, 이는 생활시설의 18.1%와는 큰 차이를 보인다(오경희·정경의·변재관·이윤경, 2002: 56-57).

소가 있으나 조직적이거나 계획적인 프로그램이 전무한 상태이다. 경로당을 제외한 전국의 여가복지시설은 769개소이다. 이 중 20.9%가 서울에 위치하고 있어 지역별 편차가 큰 것으로 보인다.

한국보건사회연구원의 오영희, 정경희와 변재관 그리고 이윤경(2002)이 조사[3]한 결과에 따르면, 노인복지회관의 시설운영 시작연도는 1999년 이후에 운영을 시작한 시설이 47.1%로 전체의 절반 정도이며, 1997~1998년이 23.5%, 1996년 이전이 29.4% 등이다. 즉 전체 시설의 약 70% 정도가 1997년 노인복지회관이 노인여가복지시설로 개정된 이후에 운영되기 시작하였음을 알 수 있다.

또한 노인복지회관의 연평균 등록인원을 보면 500명 미만의 시설이 30.7%이며, 1,000~1,999명인 시설이 26.1%, 500~999명인 시설이 11.4%, 5000명 이상의 시설이 10.2%이며, 평균 등록인원은 1,848명이다. 지역별로는 서울시의 경우 5,000명 이상의 대규모 시설이 27.8%로 가장 많으나, 광역시는 1,000~1,999명의 시설이 39.1%, 도 지역은 500명 미만의 시설이 42.6%로 이용노인의 현황은 대도시일수록 등록인원 노인 수가 더 많은 편이다.

또한 노인복지회관의 1일 평균 이용노인 현황을 살펴보면 200~399명인 시설이 29.3로 가장 많으며, 200명 미만 27.2%, 800명 이상 16.3%, 400~599명 15.2%, 600~799명 12.0% 등으로 1일 평균 이용노인의 수는 424명이다. 지역별로는 서울은 1일 이용노인이 800명 이상인 시설이 55.6%로 평균 이용노인 수는 849명이며, 광역시는 200~399명이 32.0%로 평균 413명, 도 지역은 200명 미만의 시설이 38.8%로 평균 273명으로 나타나 서울시 이용노인의 수는 타 지역의 2배 이상인 것을 알 수 있다.

---

3) 노인복지회관의 전반적인 운영실태를 파악하기 위하여 2002년 5월 27일~6월 8일까지 전국 114개 노인복지회관에 대해 우편을 통한 전수조사를 실시하였으며, 93%의 응답률을 보였다.

노인복지회관의 경우, 법적으로는 여가복지시설로 구분되어 있으나 실질적으로는 지역사회에서 노인에게 필요한 여러 종류의 서비스를 제공하도록 규정됨으로써 시설분류 구분과 규정이 일치하지 못하여 노인복지회관의 기능과 역할에 혼란을 초래할 여지를 갖고 있다. 이는 노인복지회관의 설치 및 운영에 대한 법적 근거가 노인복지법, 노인복지시행규칙뿐 아니라 해당시설 관할 지방자치단체의 운영조례와 규칙에 있기 때문이다. 따라서 노인복지회관은 지역별로 제공되는 서비스, 시설규모, 인력의 구성 등의 시설 현황과 특성이 매우 상이하게 나타난다. 노인복지회관의 명칭에 있어서도 지자체의 운영조례에 따라 '노인복지회관' 외에도 '노인종합복지관', '노인종합복지회관', '노인복지관', '노인회관', '노인복지센터' 등으로 다양하게 규정되어 있다.

또한 보건복지부『노인보건복지사업안내』에 의하면 재가복지사업의 주간보호시설은 노인복지회관에서 병행 운영하여, 일정 기간 보호 후 노인복지회관의 다양한 프로그램으로 전환할 수 있도록 유도하고 있다. 또한 재가복지사업 외에도 경로당 활성화사업, 취업알선센터 등의 사업을 병설운영하는 시설이 많은 것으로 나타났다. 따라서 현재의 노인복지회관에서 수행하는 모든 사업내용을 반영하는 노인복지법과 기타 조례에서의 새로운 노인복지회관의 기능과 역할 정립의 필요성이 제기되고 있다.

2) 여가복지시설의 생활체육프로그램

(1) 노인복지(회)관

노인복지회관은 무료 또는 저렴한 요금으로 노인에 대하여 각종 상담에 응하고, 건강증진·교양·오락 기타 노인의 복지증진에 필요한 편의를 제공함을 목적으로 하는 시설이다(노인복지법 제36조1항). 법적으로 노인복

지회관이라고 명시되어 있기는 하지만, 실제 이에 대한 명칭은 노인종합
복지회관, 노인복지회관 등으로 사용하고 있다. 이러한 명칭은 다만 시설
의 사업내용, 시설 규모, 직원 배치의 기준에 따라 임의적으로 구분되고
있다. 국가 및 지방 자치단체의 신청을 받아 운영되고 있는 노인복지회관
은 43개소이며 앞으로 지방자치단체의 신청을 받아 점차 증설할 계획이다
(보건복지부, 2002). 그 외 50개소가 개인 또는 지역사회단체에 의하여 운
영되고 있다.

　노인복지회관은 2000년 3월 말 현재 108개소가 설치·운영되고 있는데
(보건복지부, 2000), 실시하는 주요 프로그램으로 상담지도, 기능회복 훈
련의 실시, 교양 강좌교실 운영, 각종 여가 및 오락 프로그램 운영, 취업
상담 및 알선, 재가노인복지시설 병설운영, 이·미용실, 목욕탕 운영 등을
들 수 있다(보건복지부, 2000).

　미국의 경우 노인복지회관 프로그램은 지역사회 복지센터(Community
welfare center)에서 노인을 위한 종합적인 서비스로 운영되고 있다. 노인
복지센터는 미국 노인복지법(American Old Act)에 의해서 공공기관이나
민간단체에 의해서 설립 운영되고 있는데 국가 또는 지방 자치단체의 보
조금을 지원받아 운영되고 있다. 이러한 노인복지센터는 14,000개에 이르
며, 65세 이상 17% 정도의 약 5백만 명의 노인들이 이용하고 있다(Monk,
1994). 노인복지센터 주요 프로그램은 건강 및 의료 프로그램, 가정방문
서비스(일상생활보조, 간호 등), 주간보호 프로그램, 단기보호 프로그램
그리고 다양한 오락 및 운동 프로그램, 취미활동 프로그램(그림, 수공예,
동물, 화초 등), 평생교육으로서 노인교육 등의 프로그램이 전문적으로 운
영된다.

　따라서 〈표 2〉와 같이 열거한 프로그램들을 하위 프로그램으로 좀 더
세분화하면 노인복지시설에서 실시할 수 있는 프로그램은 매우 많다고 할
수 있다.

표 2. 노인복지시설에서 활용 가능한 프로그램

구 분 내 용	프로그램 예시
재 활	· 운동재활
건 강	· 노후건강관리강좌 · 건강체크(혈당, 혈압, 당뇨) · 위생관리
	· ADL훈련 · 건강체조, 기체조 · 상, 요가
	· 수지침 · 발마사지 · 산책
	· 뇌졸중 교실 · 인지기능검사, 치매교실 · 회상요법
여가 · 취미	· 레크리에이션과 게임 · 댄스교실
문화활동	· 스포츠 관람

*자료: 권중돈(2003). 노인복지시설 현장에서의 프로그램 계획과 진행. 한국노인복지시
　　　설협회. 2003년도 전국 노인양로시설 신규생활지도원연수회 자료집.(재구성)

① 서울 B 노인 종합복지관의 스포츠 관련 프로그램

서울 B 노인종합복지회관은 사회복지법인인 H 복지재단에 의하여 위탁
운영되고 있다. 이곳에서 제공되는 서비스는 상담 서비스, 기능회복 서비
스, 노인 사회교육 서비스, 치매노인 주간보호 서비스, 중증노인 주간보호
서비스, 가정봉사원 파견 서비스, 복지후생 서비스 등이 있으며, 노인 스
포츠와 관련한 프로그램은 노인사회교육서비스이다.

노인 스포츠는 〈표 3〉과 같이 노인들의 신체상의 특징을 고려한 스포츠
형태로만 구성하고 있다. 즉 노인 스포츠는 크게 세 가지 종류로 나눌 수
있는데, 건강체조와 같은 체조형의 스포츠, 포크댄스와 같은 댄스형 스포
츠, 탁구와 같은 구기형 스포츠이다(이혜원, 2000).

표 3. 서울 B 장수대학의 사회교육 프로그램

요일 내용	월	화	수	목	금	토
대강당 프로그램	장수교실 건강체조	건강측정	동그라미체조 건강체조	장수교실 건강체조	장수교실 건강체조	
	현대무용	민요교실	단전호흡	교양강의	맷돌체조	
	장구교실	합창교실	즐거운 노래교실	에어로빅	하모니 노래방	
	사물놀이	전통 리듬체조	포크댄스	우리 춤 한마당	한국무용	
	장구춤	합창반	포크댄스	연극반	무용반	
소강당 프로그램	서예	서예	일어	일어	탁구교실	탁구교실
	점심, 나눔의 광장					
	ABC영어	장수 시네마	탁구교실	탁구교실	영어	
	고사성어 한자	탁구교실		발마사지	메이크업	
소그룹 프로그램	게이트볼·배드민턴(야외교육)					

② 노인 종합복지관(K 노인 종합복지관)

사회로부터 소외되어 가고 있는 지역사회 노인들에게 여가선용 및 휴식 공간을 제공하여, 종합적인 노인복지서비스를 제공함으로써 건전한 노후 생활을 영위할 수 있도록 도와주고자 함에 있다.

표 4. 취미ㆍ여가프로그램 시간표

요일 시간	월	화	수	목	금	토
09:00~10:00	새 아침 인사, 출석점검, 안내					
10:00~11:55	요가	멜로디 노래방	건강강좌 (교양강좌)	단전호흡	맷돌체조	딩동댕 노래방
12:00~12:55	점심식사					
13:00~13:55	가요교실	믹스체조 (수지침)	레크리에이션	신을성 노래교실/ 시조	원례행사	싱어롱
14:00~14:55	한국무용	민요교실	포크댄스	에어로빅	챠밍댄스	특별활동
15:00~16:20	특별활동					
	한국무용	에어로빅	춤사위반	단비합창단	장고반	실버랜드

(2) 경로당

경로당은 지역 노인들이 자율적으로 친목도모, 취미활동, 공동작업장 운영 및 각종 정보교환과 기타 여가활동의 장소를 제공함을 목적으로 설치된 시설이다(노인복지법 제36조2항). 그러나 실제 경로당에서의 기능은 친목 장소로서 '사랑방'의 역할을 담당하여 왔으며, 지금까지의 경로당은 수적 증가를 계속하여 왔으나 일정 규모 이상의 아파트 신축 시 경로당 의무조항을 포함한 주택 개발과 관련된 법시행령 때문에 설치되는 경우가 대부분이다.

보건복지부에 등록된 경로당 40,691개소 중 28,580개소에 대해서 정부는 난방연료비를 개소당 연간 30만 원과 운영비 4만 4천 원씩을 국고 지원한다(보건복지부, 2002). 도시 노인정은 주로 복지관 내에 설치되어 있으며, 시골은 정부지원으로 각 마을에 새로 건립해 주어 깨끗하고 쾌적한 편이며, 정부는 2005년까지 모든 마을에 노인정을 건립할 계획을 갖고 있다.

노인정 운영비 조달방법은 노인정 자체기금, 회비, 정부보조금, 찬조금 등이 있으며 자체기금이 운영비에서 차지하는 비율은 약 20% 정도이다. 대부분의 노인정에서는 일정한 입회비와 월 1,000~3,000원의 회비를 받고 있으며, 절기와 행사에 따라 필요한 경비를 더 부담하는 경우가 많다(김동배, 1996). 상당수의 노인들은 노인정 이용비용에 대해 현실적으로 부담이 되어 이용하지 못하는 경우도 있다. 설립 주체와 운영 주체가 사단법인 대한 노인회로서 1985년 노인회로 설립한 일부 노인정의 경우, 지역사회의 노인여가선용과 자아 정체감을 확립시키는 데에 그 목적이 있다.

이용 대상자는 65세 이상 회원 수 60명 정도이며 월 회비 2000원에 지방정부의 운영 지원금, 후원금에 의존한다. 그리고 노인에 대한 프로그램 운영과 서비스 내용은 대화, 오락, 게이트볼의 여가활동 프로그램과 방학기간 도안 지역사회 내 어린이들에게 한문·서예·예의·도덕교육 등의 사회봉사활동을 하고 있으며, 인접한 놀이터를 관리한다.

(3) 노인교실

노인교실은 노인의 사회활동 참여 욕구를 충족시키기 위하여 건전한 취미활동, 노후건강 유지, 소득보장, 기타 일상생활과 관련한 학습 프로그램을 제공함을 목적으로 하는 시설이다(노인복지법 제36조3항). 그런데 정부에 등록된 노인교실은 1999년 12월 말 전국적으로 527개소에 112,617명이다(보건복지부, 2000). 그러나 미등록된 노인교실을 감안할 때 이외 숫자는 약 1,500개소일 것으로 추정된다. 노인교실에서는 교육 프로그램과 여가활동 프로그램으로 나누는데 교육 프로그램의 학습내용은 노인들의 요구 강좌를 중심으로 전문 강사에 의한 교양강좌보다는 취미·오락 위주의 프로그램을 운영하고 있다. 단, 몇몇 재정적 지원이 충분한 종교단체나 전문가에 의해 교육이 진행되는 노인종합복지관의 노인교실은 상당히 짜

임새 있는 교육이 이루어지기도 한다. N 노인교실의 예를 보면 광역자치
단체가 설립하고, 사회복지법인 자선단체에 의해 위탁·운영되고 있다.

 일반적으로 노인복지관은 사회복지 이념을 바탕으로 기본적인 설치 목
적은 신체적·정신적 노화 및 사회 환경적 요인으로 가정과 사회에서 소
외되는 무의탁 노인, 거동불편 노인, 영세 노인 및 재가노인들의 건강 유
지와 노후의 생활안정을 도모하기 위한 노인복지서비스를 제공함에 설립
목적을 두고 있다.

표 5. 취미·여가 노인교실 프로그램

요일 시간	월	화	수	목	금	토
10:30~11:00	건강체조					
11:00~12:00	월례행사	요가	강좌	공상	민요교실	
13:00~14:10	생활체조	포크댄스	민속제조	레크리에이션	한국무용	
14:20~15:30	우리가락	다함께 차차차	특별행사	에어로빅	가요한마당	
16:00~17:00	합창교실 특별반	풍물교실 특별반	민속제조 특별반	에어로빅 특별반	한국무용 특별반	

 (4) 노인 휴양소

 노인 휴양소는 노인을 대상으로 심신의 휴양과 관련한 위생시설·여가
시설·기타 편의시설 등을 제공함을 목적으로 하는 시설이다(노인복지법
제36조4항). 1999년 12월 말 전국에 걸쳐 6개소가 설치되어 4,906명의 노
인이 이용하고 있다(보건복지부, 2000). 아직 노인 휴양소에 대한 운영 및
사업에 대한 평가가 제대로 이루어지지 않고 있는 실정이다.

(5) 기 타

① 유료복지관(Y 마을)

민간 사회복지단체에 의한 유료시설 중 가장 대표적인 Y 마을의 스포츠 관련 프로그램 내용은 주로 노인의 건강 유지를 위한 프로그램으로 구성되었다. 즉 사회복지 프로그램 서비스 중 스포츠 관련 프로그램은 건강체조 교실, 스트레칭, 산책, 탁구, 헬스, 게이트볼, 등산 등으로 구성되어 있다. 최근 수십 년 동안 국민생활체육에 대한 분위기가 고조되어 있는 것이 사실이지만, 젊은 사람들 위주의 시설이나 프로그램 등이 활성화되어 있을 뿐 노인들의 위한 체육시설이나 노인에 적절한 프로그램들이 매우 빈약한 실정이다.

노인들의 체력증진을 위한 각종 스포츠 축제가 국가나 지방 자치단체에 의해서 제도화되어 있지 않고 있다. 현재 청소년을 위한 전국 소년체전이나 장애인을 위한 전국 정애인체전 등이 매년 열리고 있으나 전국노인체전은 아직 마련되지 못하고 있는 실정이다. 이렇듯 고령화사회의 진입에 따른 노인을 위한 여가복지 서비스의 실제적 프로그램으로서 체육활동을 통한 국민복지의 실현이 노인들의 삶의 욕구와 삶의 질을 향상시키는 데 큰 몫을 할 것으로 사료된다.

② E 노인복지회관

사회복지법인 E 복지재간이 운영주체인 E 노인복지회관은 1984년에 개관하였다. 따라서 이 기관의 설치 목적은 기독교 정신을 바탕으로 지역사회의 무의탁 노인과 일반 재가노인의 복지증진과 더불어 노인과 대상 가족에게 건강하고 보람된 노후생활을 누릴 수 있도록 전문적인 노인복지 서비스를 제공함을 목적으로 하고 있다. 또한 이용 대상자는 지방 자치단체의 관할 인근 거주 지역 노인으로 제한하고 있다. 이용비용은 생활보호 대상자는 무료이며, 주간보호센터 이용은 일반노인의 경우 월 6만 원을 수납한다. 서비스 내용에서 재가복지서비스는 가정봉사센터, 주간보호센터, 고령자 취업센터, 지역사회 자원개발사업, 교육사업, 홍보 출판사업 등 6 가지를 실시한다.

2. 노인의 생활체육참가와 참가 동기

1) 노인의 생활체육참가

(1) 활동이론과 생활체육

활동은 개인의 자아개념을 확인하는 데 필요한 역할 지지를 제공하여 긍정적인 자아상을 유지하도록 해 준다. 따라서 노년기의 역할 상실에 대한 보상으로 새로운 역할의 대체 및 중요한 타인과의 선택적이고 자발적인 형태의 활동을 통한 활동수준의 유지가 중요하다. 즉 퇴직한 남자 노인의 생활세계는 직업중심에서부터 가정이나 이웃, 사회단체, 종교단체 중심으로 전환하게 되며 중요한 타인들도 직장동료에서 배우자나 자녀, 친척 혹은 친구로 바뀌게 되므로(Larson, Zuzanek & Mannell, 1985) 전환된 타인과의 활동은 개인의 자아개념 확립을 위해서도 중요하다. 노년기에 접어들면 신체적으로 쇠퇴하고 생리적 기능이 저하되는 등의 노화과정을 경험하게 된다. 또 자녀의 독립, 결혼 등에 의해 가족이 축소되며, 사회적으로도 퇴직으로 인해 사회 내 인간관계도 축소되므로 이로 인해 자아정체성과 생활의욕이 상실되고 고독감은 가중되는 경우가 발생하게 된다(이정숙, 1998). 이처럼 가정과 사회에서의 역할이 축소되어 가는 노년기에 맞이하게 되는 퇴직과 그로 인해 늘어난 시간의 활용은 주요한 관심사항이 되고 있다. 이러한 노인에게 있어서 활동은 신체적 건강 유지 이상으로 삶의 활력소를 제공하는 자원이 되므로 노인의 중요한 생활과제라 할 수 있다(오경숙, 1990).

Havighurst와 Albrecht(1953)에 의하면 인간의 대인관계와 사회참여에 대한 욕구는 연령이 증가함에 따라 오히려 더해지므로 사회활동뿐만 아니라 다른 활동에 많이 참여하고, 친밀한 활동을 할수록 노인의 생활만족도는 높이 유지된다고 한다. 따라서 노인들이 많은 활동에 참여하는 것이 필요하며, 특히 퇴직 후 역할 상실의 대체를 위해서는 활동에의 적극적인 참여가 더욱 중요하다고 한다(고영복, 1991: 유성호, 2000: Atchley, 2001). 또한 한 개인을 어떤 특정인으로 규정짓는 요소가 개인이 사회 내에서 차지하고 있는 지위와 그에 따른 역할 및 역할활동이라고 볼 때, 퇴직과 함께 수반되는 역할 상실에 의한 활동의 감소 혹은 활동으로부터의 이탈은 노인들의 정서적, 정신적 부적응 문제의 원인이 될 수 있다는 점에서 노인의 활동은 노년기 생활에서 매우 중요시되는 측면이라 할 수 있다(오경숙, 1990). 이정숙(1998)에 의하면 노인은 퇴직 전까지 유지해 오던 사회적 역할 및 직무 역할을 상실함에 따라 자신의 정체성을 공식적인 사회 및 직무 활동 이외의 활동에서 구하려 할 뿐만 아니라 이러한 활동을 통하여 심리적, 신체적 보상을 찾으려 한다. Atchley(1985)는 노인에게 사회적 역할 상실은 엄청난 정체감의 손상을 가져다주지만 가족, 친구, 지역사회 등이 제공하는 역할을 수행함으로써 역할 정체감의 손상을 최소화하거나 극복할 수 있다고 하였고 Nye와 Berado(1973)도 퇴직으로 인한 도구적 역할의 상실은 가정 내 표현적 역할을 통해 원만하게 대치될 수 있어야 한다고 하였다(심은경, 1983 재인용).

Atchley(1980)에 의하면 활동은 크게 일(재가)과 여가로 구분할 수 있는데 퇴직한 남자 노인들에게 있어서 노년기는 직업적인 활동이 중단된

의무적인 일에서 벗어난 자유 활동의 시기이므로 대부분은 여가라고 할 수 있고 극단적으로 노인의 생활 전부를 여가의 시간으로 볼 수도 있다 (이금룡, 2002). 본 연구에서 사용하는 퇴직한 남자 노인의 생활활동은 생활 시간적 측면에서 볼 때 여가활동과 동일한 의미를 갖는다. 그러나 여가라는 용어는 의미와 조건과 기능을 포함하는 복합적인 것으로 시대와 학자에 따라 상이하지만 여가활동 자체가 생활이기 때문에 직장생활 또는 생산적인 직업에 종사하면서 재생산의 수단 또는 심신의 피로회복 등을 목적으로 하는 청·장년층의 여가와는 근본적으로 다르다고 할 수 있다.

우리 사회의 노인들은 강제적으로 노동과 사회참여의 기회에서 벗어나고 있으며, 젊은층 주도의 핵가족화 현상으로 과거의 노인들이 향유하였던 가장 또는 웃어른으로서의 권위를 상실한 채 가정에서의 역할마저 축소되어 오고 있다. 즉 노년기에 있는 개인은 늘어난 시간을 즐겁게 보내기보다는 막연히 무위, 무용의 상태로 보내는 경우가 많으며, 본인의 자유의사에 반하는 불가피한 여가를 갖게 된다. 이처럼 무료하게 시간을 보내는 것은 노인의 고독감 및 고립감 등 심리적 약화를 가져옴으로써 노인 스스로가 불행하다는 느낌을 갖게 할 수 있다(장연, 2002). 따라서 노인들은 만성화된 무료함에서 벗어나기 위해 다양한 방안을 강구하게 되고 그 대표적인 행동 유형이 여가활동이라 볼 수 있으며, 그 행동 유형은 노인의 성장 배경, 성격, 현재의 환경에 영향을 받으므로 매우 다양하다고 볼 수 있다(원형중, 1994). 조명희(1997)는 여가활동을 중심으로 한 노인들의 생활 상태에 관한 연구에서 노인의 여가활동의 유형을 취미, 자기개발 활동, 종교·사회참여 활동, 오락·사교 활동, 소일 활동, 가정지향 활동으로 분류하고 있다.

Lemon 등(1972)은 활동이란 신체적 유지를 위한 것 이상으로 간주되는 일상적인 행동 또는 일이라고 정의하면서 활동을 상호 작용 대상과의 친밀도에 따라 친구, 친척, 이웃과 상호 작용하는 비공식적 활동, 자발적 조직체에 참여하여 상호 작용하는 공식적 활동, 혼자 하는 활동으로 구분하였고, 오경숙(1990)은 이를 각각 친밀 활동, 단체 활동, 개인 활동으로 구분하였다. 친밀 활동은 가족, 친척, 친구, 이웃과의 활동을, 단체 활동은 종교 단체, 노인정·노인학교, 취미 단체, 운동 단체, 정치 단체, 지역모임, 봉사 단체를, 개인 활동은 TV시청, 라디오 및 음악감상, 독서, 가사일, 극장 구경, 혼자 하는 취미생활로 구분하였다. 이와 비슷하게 신승연(2000)도 시설노인을 대상으로 한 연구에서 노인의 활동은 혼자 하는 활동, 친구나 친척과 함께하는 활동, 단체로 하는 활동으로 구분하여 활동과 사회적 지지가 심리적 건강에 미치는 영향에 대해서 살펴보았다. 이춘희(1993)는 노인이 취할 수 있는 다양한 역할에 관심을 두고 활동을 조부모 역할활동, 부모 역할활동, 배우자 역할활동, 친척 역할활동, 친구 역할활동, 자발적 단체성원으로서의 역할활동, 직업으로서의 역할활동으로 나누었다. 유성렬과 최겸용(2003)도 퇴직 후 역할 상실에 의한 역할의 변화는 자존감에 심대한 영향을 줄 수 있다고 하면서 경제적 소득을 직·간접적으로 얻기 위한 활동인 '경제적 충족을 위한 역할활동군', 자원봉사활동, 종교활동, 자선사업활동 등 심리적 만족을 얻기 위해 하는 활동인 '이타적 목적을 위한 역할활동군', 지적·정서적 욕구충족과 자기실현을 위하여 하는 활동으로 여가활동, 예술활동 등을 포함한 '자기발견과 정서적 만족을 위한 활동군'으로 구분하였다.

개인 활동은 개인의 지적, 정서적, 신체적 안정과 자기개발을 위하여 하는 활동으로 라디오 청취나 TV시청, 자기개발 활동, 독서·신문·잡지보기, 건강관리 활동, 등산·낚시·수집 등의 취미활동, 주기적인 진료활동 등이 포함될 수 있다. 홍승우(2001)는 노화로 인한 신체적 쇠퇴를 막고 노인의 건강을 유지할 수 있는 일상생활에서의 건강관리행동은 노년기 생활에서 중요한 의미를 갖게 된다고 하였다. 한국보건사회연구원(1995)의 조사에 따르면 노인의 연령이 증가함에 따라 지역사회에서 이루어지는 체육활동, 야외활동, 여행, 공연관람 등과 같은 활동에의 참여는 급격히 줄고, 집안에서 이루어질 수 있는 TV시청이나 독서 등 정적인 개인 활동의 참여가 많아진다고 한다.

(2) 노인의 생활체육참가

노인들이 가장 높은 관심을 보이고 있는 것은 무엇보다도 건강에 대한 문제이며, 노인의 체육활동은 여가선용뿐만 아니라 바로 이러한 건강 유지측면에서 중시되어야 할 과제이다. 노인은 집중력이 약하고 체력적으로 노년기에 접어든 시기에 속하기 때문에 적극적인 신체활동에 자주 참가하기 어려운 심리적, 사회적, 조건을 지니고 있다. 그러나 노년기의 운동부족 현상은 노화현상을 더욱 촉진하고 더욱이 각종 질병에 저항하는 능력을 저하시켜 질병에 감염되면 이로부터 회복하는 데에 많은 시간과 어려움을 수반한다.

따라서 노년기의 체육활동은 무리하지 않은 범위 내에서 지속성을 유지하며, 규칙적으로 참여하는 것이 바람직하다. 한편 노년기의 체육활동은 상대적으로 체력이 왕성한 장년기에 있어서의 체육활동과는 상이한 의미를 지니고 있다. 즉 장년기에는 작업 활동이 생활의 주가 되고 여가활동이 부수적인 위치를 차지하는 반면, 노년기에는 이와 반대의 경우가 될 수 있다. 결국 노년기의 신체활동은 삶의 보람을 자극하고 유지시켜 주는 중요한 수단이 된다.

현재 노인을 위한 체육활동 계획은 사회적 관심으로부터 멀어져 있는 것이 사실이다. 시설 면에서 보더라도 경로당, 노인정 등의 시설은 상당히 협소하여 신체활동을 전개하기에는 부적합한 편이며, 최근 비교적 활발히 이루어지고 있는 노인 학교에서의 신체활동도 이들을 지도할 전문적인 지도자가 없는 관계로 소기의 목적을 달성하지 못하고 있는 실정이다. 또한 소수의 사회체육기관에서 노인을 위한 레크리에이션을 의욕적으로 지도하고 있으나 극히 일부 계층에만 제한되어 있을 뿐 사회전반에 걸쳐 조직적인 체육활동은 거의 이루어지지 못하고 있는 실정이다. 결국 미래사회에 있어서 노인들의 신체활동을 보다 적극적으로 유도하고, 활성화시키기 위해서는 이용 가능한 시설의 확보와 지도자의 양성도 중요한 과제임에 틀림이 없으나 이들의 체력과 흥미를 고려한 다양한 프로그램의 개발 및 보급이 무엇보다도 선행되어야 한다. 이와 같은 맥락하에 노인의 체육활동 프로그램은 다음과 같은 사항을 고려하여 개발되어야 한다.

첫째, 노인의 신체적 조건 및 체력수준을 견주어 볼 때, 에너지 소비가 많은 종목은 가급적 피하고 단체 활동을 위주로 하는 내용으로 구성하도록 한다. 이러한 활동을 통하여 노인은 집단 속에서 행동하는 즐거움을 맛볼 수 있고, 소외감을 해소시킬 수 있기 때문이다. 예컨대 배드민턴, 탁구 등과 같은 종목을 집단 활동으로서 장려하고, 이와 유사한 게임을 개발할 필요성이 있다. 이와 같은 게임은 흥미와 경쟁 요소가 포함되어 있고 신체적으로도 큰 무리가 없기 때문에 노인들이 활동하기에 적당할 뿐만 아니라 화목한 분위기를 조성하는 데 효과적이다.

둘째, 시간과 장소에 구애받지 않고 유희성과 흥미도가 높아 규칙적으로 참여할 수 있으며, 신체기관의 기능을 정상적으로 유지시켜 노화방지에 도움이 되는 종목을 적극적으로 권장하여야 한다. 예를 들면 미니 골프, 고리던지기, 게이트볼, 테니스와 같은 종목이 이러한 목적에 적합하다.

셋째, 야외에서 자연과 호흡하며 즐길 수 있는 종목을 개발하여야 한다. 노인은 대부분 시간을 실내의 좁은 공간에서 보내는 경우가 많으므로 가급적 야외로 나가 보행하는 기회를 가질 수 있는 등산이나 하이킹, 오리엔티어링, 버스 레크리에이션 등과 같은 종목은 목적달성을 위한 좋은 수단이 되고 순환계를 자극하는 양호한 활동이 될 수 있다. 이와 같은 내용이 포함된 체육활동은 노인의 일체감, 우의, 소속감 등의 사회성을 함양시켜 주며, 이들을 심리적으로 인정시켜 주고 특히 신체건강 유지에 크게 이바지할 수 있다(김연수, 2003).

(3) 노인 생활체육의 참여효과

현대사회의 주요 관심사로 등장한 노인문제는 다양한 제도의 영역 내에서 다각적으로 다루어지고 있다. 노인의 생활체육활동은 여러 측면에서 효과를 기대할 수 있고 특히 건강이나 체력에 큰 도움을 줄 수 있다. 최근 들어 정부에서는 노인복지 관련 기관에서 노인의 사회적 역할, 역할 상실에서 오는 정서적 안정감과 문제점을 해결하기 위하여 생활체육프로그램을 중시하고 있다. 노인의 활동 참여는 각종 질병예방과 체력향상, 건강의 유지 증진, 휴양 및 기분전환, 삶의 내용 및 수준의 향상, 명랑한 생활의 영위, 행복과 복지 증진 등을 들 수 있다. 노인의 신체활동은 순환기 근육의 강도를 개선시킬 수 있으며, 체중 감량과 긴장해소에 도움을 주고 일반적으로 신체적 만족감을 느끼게 한다.

따라서 개인의 삶을 연장하고 내용을 충실히 할 수 있는 기회를 마련하여 인간적 가치와 삶의 의미를 깨닫고 여가시간의 가치 있는 활용 기회를 제공함으로써 노인의 생활을 건강하고 윤택하게 해 주고 있다(박현경, 2002).

2) 생활체육참가 동기

(1) 동기의 개념

우리가 무슨 일을 하든 그 어떤 일을 할 때는 그 일을 하고 싶은 '마음'이 있어야 한다. 어떤 일에 참여하여 얼마나 잘하느냐의 문제는 기본적으로 열심히 하고 싶은 마음, 또는 잘하고 싶은 마음이란 것이 밑바탕에 깔려 있어야 한다. 그렇다면 '무엇인가를 하고 싶은 마음'이란 구체적으로 무엇인가? 이에 대한 보다 전문적인 용어로서 심리학적인 설명이 바로 동기(motive)이다.

목적 없는 행동은 유발되지 않으며 개체의 행동은 언제나 일정한 목표를 추구하게 된다. 따라서 동기란 행동을 취하게 하는 준비태세이며 이러한 상태를 개체로 하여금 목표로 이끌어갈 수 있게 하는 에너지원이라고 할 수 있다. 그러나 개개인마다 지니고 있는 동기의 양상은 매우 다양하며 시간과 공간 그리고 생리적인 제반 측면에서 볼 때 다양한 성질을 지니고 있기 때문에 동기 자체의 명확한 개념을 결정짓는다는 것은 쉽지 않다.

동기유발은 여러 가지 형태의 동기들로 이루어지는 다차원적인 과정이다. 한순간에 어떠한 스포츠나 신체활동에 어느 정도 시간으로 참가할 것인가를 결정하는 동기가 있을 수 있다(정상택, 1992). 동기유발은 기본적으로는 두 개의 근원, 즉 내적 및 외적인 것에서 도출된다. 사람은 충동의 근원이 내면에 있을 때 또는 충동 그 자체를 위해 무엇인가를 할 때 내적으로 동기가 유발된다고 한다. 사람의 내적 동기유발의 개인적인 이유는 기쁨, 만족 또는 기술의 자기실현과 자아관여를 의미한다. 외적으로 동기가 유발된 사람은 거기서 받은 물적 보수를 위해 행동하는 것이다. 그래서 어떤 사람은 학교에서 지식을 얻기 위해서가 아니라 진급 때문에 공부한다. 또 어떤 사람은 우정, 심적인 만족, 숙달 때문이 아니라 승인이나 상찬 때문에 스포츠를 한다. 따라서 외적인 동기란 욕구 결여의 동기유발이라고 할 수 있다(유정무외, 1986).

이렇듯 동기란 행동이 시작되어 활성화되고, 이끌리고, 정지되는 현상을 다루며, 또한 이러한 현상이 왜 나타났는지를 다룬다고 했으며 또한 동기란 선택 가능한 의도적인 활동 중에서 인간이나 하등동물이 결정하는 선택의 지배 과정이라고 주장하고 있다.

반면에 동기란 활성화(energizes)시키거나 작동시키거나, 움직이게 하는 내적 상태를 말하는데, 이는 행동을 목표 지향적으로 되게 하거나 목표를 위한 통로를 마련하는 것으로서 의미와 또한 Atkinson(1958)은 동기의 의미를 활동의 방향, 강도 및 지속에 직접적인 영향을 미치고 한 가지 이상의 효과를 나타내는 활동경향성(actiontendency)의 최종 강도가 초점이 되며 순간적 상태에서의 동기 목표는 사태에 따라서 정의된다고 하였다.

한편 인간이 스포츠 활동을 추구하게 되는 동기는 일반적으로 스포츠 활동에 참가함으로써 우월성의 성취, 상쾌함, 즐거움 그리고 우수성을 시연할 수 있기 때문이다. 인간이 가장 쉽게 자신의 우수성을 시연할 수 있는 것은 자신의 신체를 이해하는 방법에 의한 것이다. 이것이 사람들을 스포츠에 참가하게 하는 동기적인 요소로 작용한다고 볼 수 있다. 이러한 동기유발(motivation)의 기능은 어떠한 행동이 발생되면서부터 종료될 때까지의 과정을 설명하기 위해 상정된 가설적 구성체라고 할 수 있다. 내적인 힘을 제공해 주고 정서적 흥분을 일으키며 기대적 방향을 제시해 주는 동기의 기능을 살펴보면 다음과 같다.

첫째, 동기는 행동의 원동력으로서 작용한다. 동기는 욕구나 충동의 성질을 가지고 있기 때문에 유기체는 이러한 욕구를 감소하거나 제거하거나 강화시킬 수 있는 행동을 일으키게 된다. 욕구가 생기면 그것을 충족시킴으로써 유기체의 내적 균형을 유지하게 된다. 동기는 이와 같이 행동의 내적 동기로써 에너지를 제공해 주기 때문에 행동의 강도를 올려주기도 하고 내려주기도 한다.

둘째, 동기는 정서적 흥분을 일으킨다. 어떤 욕구에서 동기가 형성되면 심리적인 긴장상태를 가져오게 된다. 이때의 감정상태를 여러 가지로 부르고 있으나 일반적으로 정서(emotion)라고 부른다.

셋째, 동기는 목표의 선택과 결과에 작용한다. 동기유발이 된 사람은 내적인 에너지 변화에서 생기는 긴장을 감소시키기 위한 행동을 결정하는 힘을 역동적 과정의 설명 방법에 따라서 유의성(valance)이라고 하는데 이러한 유의성은 행동을 적극적으로 일정한 방향으로 이끌어갈 뿐만 아니라 소극적 행동을 피하게 하는 원인이 될 수도 있다.

(2) 생활체육참가와 동기

동기는 목표 지향적 반응을 일으킬 뿐만 아니라 어떻게 하는 것이 가장 효과적인 행동인지를 생각하고 고르는 선택적 행동을 하게 한다. 따라서 사회적 동물인 인간은 자기와 사회의 관계에서 강하게 이루어지는 사회적 동기 과제를 성취하려는 행동을 나타내고자 한다. 욕구충족을 지연시키며 원대한 목표를 설정하여 성공하기를 원하는 성취 동기, 우정이나 애정으로써 우호관계를 형성하려는 친화성 동기, 본능적으로 나타나는 공격과 방어에 의한 경쟁 속에서의 적극적인 공격, 방어 동기, 스포츠에 있어서 승패를 가려내고 칭찬과 존경을 받으며 경기의 결과로 얻어지는 인정과 자율, 굴욕 등 스포츠와 강한 관련을 갖는 사회적 동기 등이 있다.

그림 2. 스포츠의 동기유발적 구성요소(Butt, 1976; 진종현, 1998에서 재인용)

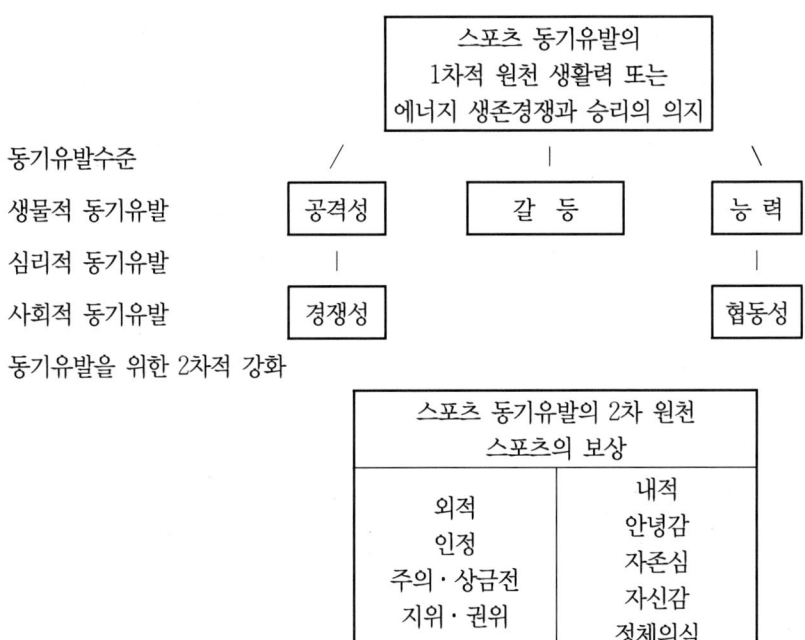

〈그림 2〉에서 보듯이 이러한 동기들 중에서 어떤 것은 생득적으로 갖추어져 있는 것으로 생물발생적 동기 혹은 일차적 욕구(primary drive)라 하고, 그 외의 많은 동기는 사회적 접촉 중에 학습에 의하여 획득되거나 변용된 것으로 생각되어 사회 발생적 동기 혹은 이차적 욕구(secondary drive)라고 한다. 한편 개인이 스포츠 활동에 참여하는 이유는 무엇이며, 하기 싫어하는 이유는 무엇인지 또 어떤 형태로 스포츠와 관계되어 있는지를 이해하기 위해서는 개인이 어떤 동기를 가지고 있는가를 알 필요가 있다. 그러므로 어느 경우이든 동기유발의 최적수준은 과제의 성질에 따라 변화하고 과제가 단순하고 용이할수록 동기유발의 수준은 높아지고, 복잡하며 곤란할수록 동기유발의 수준은 낮아진다.

스포츠의 종목선택에 있어서도 왜 그 사람이 그 종목을 선택했느냐 하는 것은 매우 개인적인 의미를 갖는 것이다. 인간은 제각기 다른 사람과 구별되는 자신의 고유한 특질을 지니고 있다. 우리가 중시해야 할 주요한 사실은 개인이 특별한 스포츠나 신체활동에 참여하게 되는 것은 그들에게 흥미를 불러일으킬 충분한 이유를 가지고 있다. 스포츠나 신체활동에 참여하는 과정에서 그것 자체로서의 의미를 수용하여 발전시킬 수 있기 때문이다.

Murray(진종현, 1998 재인용)의 동기분류 중 스포츠와 비교적 관계가 깊은 동기를 제시하고자 한다. 첫째, 정서적 동기이다. 정서는 외적으로 환기되는 동기이다. 즉 어떤 정서가 생기면 그 정서를 일으키는 대상이나 환경에 접근하거나 멀어지려 하는 행동이 생긴다. 스포츠 장에 있어서는 여러 가지의 정서가 일어난다. 기쁨, 즐거움에서 두근거리는 흥분과 아름다운 동작에 대한 감동은 운동에 대한 접근 동기로서 작용한다. 반대로 공포나 불안, 부끄러움, 불쾌감 등은 통상 회피 동기가 된다. 특히 한 번 상처를 입어 아파서 혼이 났거나 괴로웠던 경험이 있으면 다음부터는 강렬한 공포나 불안을 일으킬 때가 있다.

둘째, 생리적 안정성 동기이다. 생명을 유지하는 데 필요한 개체 내부에는 생리적인 안정을 유지하려고 하는 동기로 공복, 갈증, 수면 등과 함께 고통을 회피하는 동인이 포함된다. 특히 복싱, 레슬링, 마라톤 등과 같은 종목에서 고려되는 동기이다.

셋째, 사회적 동기이다. 행동은 사회와 자기관계의 상황에 의해 강하게 동기 지어진다. 스포츠는 경쟁과 협동하는 대인적 관계 속에서 행하여지기 때문에 사회적 동기와 특히 관계가 깊다. 사회적 동기에는 우정이나 애정에 의해 우호적인 친밀한 인간관계를 만들어내는 것을 구하는 친화 동기, 괴로운 연습을 견디고 새로운 기록을 향하여 노력하며 우수한 업적을 이루려는 성취 동기가 있다. 현시 동기가 강한 사람은 실패 등을 마음에 두지 않고 사람들의 눈에 띄는 플레이를 하며, 굴욕회피 동기가 강한 사람은 실패하는 것이 두려워 모험하지 않고, 될 수 있는 한 운동을 하지 않으려고 한다.

넷째, 내인적 동기이다. 이는 활동하는 것 그 자체가 목적이 되어 있는 것으로 테니스나 야구 자체를 하는 즐거움이나 체조나 댄스의 매력에 이끌려 운동을 하고 있는 상태를 내인적으로 동기화된 상태라고 할 수 있다. 내인적 동기 중 가장 대표적인 호기성 동기는 새롭고 신기한 자극이나 복잡한 활동을 구하는 동기이다. 그리고 따분한 것에서 빠져나와 자극을 구하는 감성 동기가 있다.

본 연구에서는 스포츠 참가 동기를 Iso-Ahola와 Allen(1982)이 제시하고 있는 스포츠 참여 동기 개념을 사용하고 있다. 여기서 스포츠 참가 동기는 이철화(1995)에 의해서 우리나라 실정에 맞게 재구성한 측정도구를 사용한 바 있다. 스포츠 참여 동기의 하위요인은 건강지향형, 자기개발형, 사교지향형, 가정지향형, 취미·오락지향형 등의 5가지 요인으로 구분되었다.

3. 여가만족

1) 여가만족의 개념

여가만족은 개인이 여가활동에서 인지하는 만족의 정도를 지칭한다. 그러나 이러한 만족의 개념은 정의하기가 매우 어려운 주관적인 감정을 나타내는 극히 개인적인 것으로 개인의 기대와 충족여부에 의해 결정된다고 볼 수 있다. Beard와 Ragheb(1980)은 여가만족이란 개인이 자발적으로 여가활동을 선택하고 그 결과로써 개인에게 형성되거나 획득되는 긍정적 인식 또는 감정으로 정의한 바 있다.

대다수의 연구에서 제시하고 있는 여가만족의 개념은 특정 여가활동을 통하여 개인이 추구하는 목적 및 욕구를 달성했을 때 느끼는 활동에 대한 긍정적 인식 또는 주관적인 만족감으로 표현되고 있다(이정순과 전원배, 2004). Bultena과 Wood(1970)는 여가만족은 여가활동을 통하여 개인이 얻게 되는 긍정적 결과로 정의하면서 여가만족이 미래의 여가선택을 결정하는 주요 요인임을 규명하였다. 여가동기는 목표를 향한 노력의 시도를 뜻하는 반면, 만족은 그 달성으로부터 오는 결과 또는 만족감을 의미한다. Dumazedier(1974)는 활동을 통한 만족상태가 종료되거나 파괴되면 개인은 상응하는 활동을 지속하지 않는다고 주장하면서, 여가만족을 특정한 욕구에 부응하는 기대감으로 정의하였다. Iso－Ahola(1980)는 여가만족을 개인적으로 의미 있는 활동 또는 내적으로 동기 유발된 활동에 대한 만족감으로 표현하였다. 또한 의미의 속성상 여가만족을 장애요인이 없는 활동에 대한 안정감 또는 만족감으로도 규정할 수 있다.

이상에서 살펴본 바와 같이 여가만족이란 일반적인 여가경험이나 상황에 대하여 즐거워하거나 만족해하는 주관적인 지각을 의미하는 것으로 개인이 형성하거나 획득하는 긍정적 인식 또는 감정으로 정의할 수 있다.

이러한 여가의 만족스러운 감정은 개인의 의식적, 무의식적 욕구가 충족됨으로써 기인한다고 할 수 있다. 결국 여가만족은 여가활동의 선택 및 참가를 규정하고 그 활동의 지속과 흥미를 결정하는 중요한 요소로서 만족스러운 여가생활을 가능하게 한다.

Beard와 Ragheb(1980)은 여가만족을 심리적 만족, 교육적 만족, 사회적 만족, 신체적 만족, 휴양적 만족, 심미적 만족 등의 6개 범주로 나누어 측정 항목을 개발하였고, 이러한 여가만족 척도(Leisure Satisfaction Scale: LSS)는 여가만족과 관련된 연구에 일반적으로 사용되고 있다. 본 연구에서도 이와 같은 분류 기준에 준하여 여가만족의 범위를 규정하였다. 각 하위 구성 요인별 특성을 Beard와 Ragheb(1980)의 이론적 설명을 기초로 하여 구체적으로 살펴보면 다음과 같다.

첫째, 심리적 요인이다. 활동 참가자들은 흥미, 기쁜 감정 및 즐거움 등의 정서적 만족을 경험함과 동시에 자신을 탐구하고 자아를 발견하게 됨으로써 결국 여가활동을 지속적으로 즐기게 된다. 둘째, 교육적 요인이다. 여가활동이 자신, 타인 그리고 사회 등을 학습하고 인지할 수 있는 폭넓은 경험의 기회를 제공해 준다. 셋째, 사회적 요인이다. 각 개인은 여가를 자유로이 선택하게 되고 바람직한 인간관계를 유지 발전시키기 위해서 사회집단이나 단체에 참여한다. 이것은 개인과 사회의 상호작용과 의사소통 증진, 친구와의 교제 기회제공, 자발적인 대인관계 유지 및 개선 등과 같은 이점을 가져다준다. 넷째, 휴식적 요인이다. 여가활동은 인간으로 하여금 휴식 및 원기 회복의 기회를 제공함은 물론 일상생활 중에서 직면하는 각종 스트레스를 해소하는 데 직·간접적으로 도움을 준다. 다섯째, 신체적 요인이다. 개인은 건강 및 체력 증진을 위해 여가활동에 참가하고자 하는 기본적 욕구를 지니고 있고, 신체적 활동은 체중조절 및 비만 예방에 도움을 주는 효과적인 활동이다. 여섯째, 심미적 요인이다. 여가활동이 이루어지는 물리적 환경이 아름답게 꾸며져 있을 때 참가자들은 그 활동에 대하여 보다 큰 흥미를 가지게 되고, 결과적으로 여가만족감을 갖게 된다. 이 연구에서는 Beard와 Ragheb(1980)가 개발한 여가만족척도(Leisure Satisfaction Scale: LSS)를 한국어로 번안하여 이종길(1992)이 우리 실정에 맞게 수정 보완하여 사용한 바 있는 것으로, 심리적 만족, 교육적 만족, 사회적 만족, 생리적 만족, 환경적 만족, 휴식적 만족 등 총 6개의 하위차원으로 구성된 것을 근거로 하였다.

2) 생활체육참가와 여가만족

생활체육참가와 여가만족과의 관계는 지속적인 연구의 주제가 되고 있다. 이는 생활체육참가의 수준과 형태가 여가만족에 의미 있는 영향력을 미치고 있음을 보여주는 결과로서 생활체육참가와 여가만족의 관계는 중요한 의미를 지니고 있다고 할 수 있다. 이종길(1992)은 생활체육참가집단이 비참가집단에 비하여 생활체육활동 참가 이후에 여가만족도의 변화가 유의하게 증가하였으며, 특히 생활체육활동 참가를 통하여 여가만족의 심리적, 교육적, 사교적, 휴식적, 생리적 요인에 대한 만족도가 유의하게 증가하였다고 보고하였다. 이봉걸(1998)과 박진경(1994)은 생활체육참가와 여가만족의 관계에 관한 실험 연구에서 생활체육프로그램 참가자가 비참가자보다 여가에 대한 모든 하위요인 만족도에서 높게 나타났다고 보고하였다. 특히 김경식(1996)은 대도시 노인을 대상으로 한 연구에서 생활체육참가집단이 비참가집단보다 여가만족도가 높게 나타났다고 하였다. 이 외에도 대학생을 대상으로 한 연구들(민유선, 1998; 이길순, 1999; 이재형, 2000)에서도 유사한 결과를 보고하고 있다. 또한 정용승과 채재성(1999)은 생활체육참가자의 참여 동기가 여가만족에 미치는 연구에서 유의한 관계가 있다고 보고하고 있다. 방지선과 하지원(1995)은 생활체육동호인 활동과 여가만족의 관계에서도 활동 참여 정도는 여가만족과 관계가 높게 나타났다고 보고하였다. 그리고 김상수(2005), 박경숙(2005) 등은 여가활동유형과 여가만족의 관계연구에서 이들 간에 유의한 상관관계가 있다고 보고하고 있다.

4. 심리적 복지

1) 심리적 복지의 개념

심리적 복지(psychological well-being)란 전반적인 삶에 대한 주관적인 평가이며 삶의 과정에 있어 성공적인 적응을 측정하는 개념이다. 심리적 복지에 관한 연구들은 크게 두 가지 경향이 있다. 그 하나는 우울, 분노, 적대감, 공포, 술과 약물남용, 심리적 장애 등과 같은 심리적 역기능을 연구하는 것이고, 두 번째 경향은 긍정적인 정신건강의 측면을 강조하는 경향이다(Marks, 1996).

심리적 복지에 대한 접근에 있어서도 긍정적 측면과 부정적 측면을 일직선상에서 파악하는 일차원적 접근과 독립적인 영역으로 파악하는 이차원적 접근으로 나누어 볼 수 있다. 초기의 연구들은 대부분 심리적 복지를 일직선상의 개념으로 파악하여 왔다. 그러나 점차 많은 연구자들은 심리적 복지의 개념을 행복감이나 만족 등의 긍정적 측면과 슬픔, 우울 등의 심리적 역기능을 연속된 단일차원에 놓고 양극적인 개념으로 정의하는 것에 대한 의문을 갖기 시작하였다(Stallings & Dunham, 1997). 따라서 양극적 개념을 통합할 수 있는 새로운 개념으로의 접근이 시도되었는데 그 대표적인 연구자가 Bradburn이다.

Bradburn(1969)은 복지를 긍정적인 복지(positive well-being)와 부정적인 복지(negative well-being)로 분류한 이차원의 심리적 복지 척도를 처음으로 개발하였고, 긍정적 차원과 부정적 차원은 서로 독립적이어서 긍정적 정서의 평균 수준은 부정적 정서의 평균 수준을 예견하지 않는다고 제시했다. 일상생활 속에서 이 두 차원은 항상 존재하며 긍정적 차원을 경험한다고 해서 부정적 차원이 전혀 존재하지 않는 것은 아니라고 주장한다. 따라서 부정적 측면보다 긍정적 측면이 상대적으로 우세할 때 복지감이 높았다고 할 수 있다(Diener, 1984). 심리적 복지의 이차원 개념은 Bryant와 Veroff(1982)가 실시한 요인분석 작업이나 Stallings 등(1997)이 실시한 종단적 연구를 통해서도 지지되고 있다. Bryant 등(1982)이 국가 조사자료를 가지고 실시한 요인분석 작업에 따르면 심리적 복지는 긍정적인 애정, 심리적 디스트레스, 긴장, 자아평가의 세 가지 구성요소를 갖는 것으로 나타났다.

Ryff와 Essex(1991)는 Maslow의 자아실현개념, Rogers의 완전히 기능하는 인간(fully functioning person), Jung의 성격형성, Allport의 성숙의 개념, 생애주기발달의 접근을 근거로 자아수용, 타인과의 긍정적 관계, 자율성, 환경지배, 인생의 목적, 개인적 성장 등 6개의 하위영역으로 구분하여 심리적 복지를 설명하고 있다. 자아수용이란 자신과 자신의 과거에 대한 긍정적 평가를 의미하고, 타인과의 긍정적 관계는 다른 사람과의 질 높은 긍정적 관계 유지를, 자율성은 자아결정이나 독립성을, 환경지배는 인생과 주변세계를 효과적으로 관리하는 능력으로, 인생의 목적이란 인생은 목적적이고 의미 있다는 신념으로 그리고 개인적 성장으로 구분하였다.

Wan, Odell과 Lewis(1982)는 경험적 조사를 통해 노인의 복지(well-being)를 신체적 복지, 사회적 복지, 심리적 복지의 3가지로 구분하였는데, 심리적 복지는 매우 다양하고 다차원적이어서 개인의 심리적 복지 상태를 측정하기 위해서는 겉으로 나타난 증상을 통한 객관적 측정과 정신건강에 대한 주관적 평가가 동시에 이루어져야 하며, 이것은 흔히 생활만족으로 평가하는데, 노년학에서는 이러한 생활만족과 사기가 심리적 복지의 중요한 지표가 된다고 하였다.

Diener(1984)는 주관적 복지를 심리적 복지와 동의어로 사용하여 행복감, 생활만족도, 긍정적 정서를 주관적 복지에 포함시켰다. 그는 주관적 복지의 특징으로, 주관성과 긍정적인 구인(construct)을 측정하였으며 삶에 대한 모든 측면을 종합적으로 평가하고 있다.

심리적 복지 척도로는 Neugarten 등(1961)에 의해 개발된 생활만족도 지표(The Life Satisfaction Index: LSI)와 Lawton(1972)이 개발한 Philadelphia Geriatric Center Morale Scale이 있으며, Bradburn(1965, 1969년 수정)의 Affect Balance Scale, Andrews(1976)의 Four Single-Item Indicators of Well-being Scale, Duphy(1977)에 의해 개발된 The General Well-being Scedule(GWB), Bush와 Kaplan(1973, 1976, 1994년에 수정)이 개발한 The Quality of Well-being Scale 등이 사용되어 왔다(장혜경, 1998. 재인용).

심리적 복지에 대한 지금까지의 선행연구들은 대체로 심리적 복지의 하위영역을 생활만족도나 행복감, 사기 등의 긍정적 측면만으로 평가하는 연구, 우울 등의 부정적 측면만을 측정한 연구, 긍정적 측면과 부정적 측면을 함께 측정한 연구 등으로 구분할 수 있다. 심리적 복지를 긍정적 측면으로 측정한 연구들에는 정신적 안녕 측정을 위해 자아존중감과 생활만족도를 사용한 Dungan과 Brown 등이 있다. 한편 Ransey(1996)는 심리적 안녕을 '삶의 긍정적 측면에 대한 주관적인 평가'라고 정의하였고 그리고 긍정적 정서와 생활만족도 두 차원으로 심리적 복지를 조사한 이희정, 이숙현(1995)의 연구 등이 있다.

또한 Ducharme(1994), Krause(1993), Mastekaasa(1992)는 심리적 복지 측정을 생활만족도로 하였고, Kivett(2000)는 생활만족도와 사기를 측정하여 심리적 복지를 평가하였다. 김태현 등(1999)은 노년기 삶의 질 향상에 관한 연구에서 노년기 삶의 질을 측정하기 위해 주관적 안녕감의 하위영역으로 정서적 안녕감 점수와 생활만족도 점수를 합하여 사용하였다.

반면 Kraus(1986)는 노년기의 사회적 지지, 스트레스가 복지에 미치는 영향을 조사하면서 우울을 측정하여 심리적 복지의 개념으로 파악하고 있고, 원영희(1995), Silvertein 등(1996)도 우울 등 부정적 측면을 측정하여 심리적 복지를 파악하였다.

그러나 많은 연구들이 심리적 복지의 양 차원을 모두 측정함으로써 심리적 복지의 수준을 평가하여 왔는데, 강인, 최혜경(1998), 고승덕, 조숙행(1997), 하양숙(1991), Markides 등(1985)은 생활만족도와 우울을 측정하여 심리적 복지를 평가하였고, 신기영 등(1997)은 심리적 복지의 하위영역으로 긍정적 측면에서 자아존중감과 생활만족도를, 부정적인 측면에서 우울을 포함시켰다. Marks(1996)는 심리적 디스트레스로 우울과 적대감을, 긍정적인 심리적 복지로 Ryff 등의 여섯 영역을 측정하였다. Adelmann(1994)은 심리적 복지를 평가하면서 생활만족도, 우울증상, 자아효능감을 측정하였고, 윤현희 등(1994)은 남녀 노인의 스트레스와 대처행동, 적응감 연구에서 적응감을 행복감과 우울감으로 구분하여 측정하였다. 전영자(1991)는 자아존중감, 우울, 불안을 심리적 복지의 하위영역으로 측정하였다.

위의 결과들을 종합하면 노년기의 심리적 복지는 긍정적 측면과 부정적 측면으로 측정될 수 있으며 긍정적 측면은 생활만족도, 부정적 측면은 우울로 대표될 수 있다. 노인의 생활만족도란 생활에 대한 기대와 현실적인 충족 간의 합치에서 오는 주관적인 만족감이나 행복한 느낌으로 정의되고 있다(김경애, 1998; Meeberg, 1993). 또한 현재 상황에 대한 만족뿐만 아니라 지금까지 살아온 생활에 대한 종합적인 만족도를 의미한다(김태현, 1998). Neugarten(1968)은 노인의 생활만족도를 생활에 대한 기대와 현실적인 충족감 사이에서 오는 주관적인 만족 정도로 정의하면서 생활만족도 지표를 다섯 가지 영역으로 분류하여 구성하였다. 즉 첫째로 생에 대한 만족도, 둘째로 생을 인정하고 수용하는 정도, 셋째로 인생의 목적에 대한 성취감, 넷째로 긍정적인 자아상, 다섯째로 낙관적인 태도 등이다. 이러한 생활만족도는 개인의 정신건강을 결정짓는 중요한 요소이며(Medley, 1976) 노년기 부부의 심리적 복지를 나타내기에 충분하다고 여겨진다.

또한 심리적 복지와 관련된 또 하나의 영역인 우울은 인간이 보편적으로 갖고 있는 다양한 감정 중의 하나로, 전혀 우울을 경험하지 않는 정상의 범주에서부터 정신치료의 도움을 필요로 하는 비정상의 범주에 이르기까지 연속적인 특성을 갖는다. 또한 무력감, 좌절감, 상실감 등과 같은 슬픈 혹은 울적한 기분뿐만 아니라, 식욕부진, 불면증, 피로감, 체중감소 등과 같은 부수적인 신체증상까지를 포괄하는 것으로 이해할 수 있다(박정희, 1999).

우울은 대부분 우울증상으로 표현되는 우울 기분(depressed mood)과 진단적 기준이 되는 정신적 장애(psychiatric disorder)로 개념화되는데, 대부분 사회과학적 연구에서는 우울 기분으로 우울을 측정한다(신효식, 1993). 우울증에는 일차적 우울(primary depression)과 반응적 혹은 외인성으로 불려지는 이차적 우울(secondary depression)이 있다. 일차적 우울은 개인 내부의 요인에 의해 야기되며 이차적 우울은 외부의 스트레스에 의해 야기되는데(이영자, 1999) 노년기에는 신체적, 사회적 상실의 증가로 다른 연령집단보다 이차적 우울의 빈도가 더 높아진다고 볼 수 있다.

본 연구에서는 심리적 복지를 전반적인 삶에 대한 주관적인 평가로 정의하고, Bradburn(1969)의 이차원적 분류를 이용해 긍정적 측면뿐 아니라 부정적 측면의 평가를 포함한 삶에 대한 주관적인 평가로 한다. 따라서 긍정적 측면에서는 생활만족도를, 부정적 측면에서는 고독감을 하위영역인 선상에서 분석하였다.

2) 생활만족

Havighurst(1977)는 성공적 노화란 노화 과정에 있어서 노인들 스스로가 자신과 사회에 대한 성공적인 적응을 해나가는 것으로 보았다. 노년화에서는 '성공적인 노화' 현상을 노인의 생활만족도라는 지표로 파악하고 있어 노인의 생활만족도 연구는 이 분야의 중요한 연구과제가 되고 있다. 따라서 노인의 삶의 질이란 "노인이 다른 세대와는 구별되는 삶의 경험들, 즉 성공적 노화의 과정 속에서 지각하는 주관적인 만족도"라고 정의할 수 있으며, 노인의 삶의 질(Quality of Life)은 주관적 지표로부터 구성된 내용을 통해 파악될 수 있다.

생활만족도를 측정하는 척도로는 '단일문항 척도'와 '복수문항 척도'가 있다. Andrews(1991)는 하나의 척도로 전체적인 생활만족도를 측정하는 것과 삶의 다양한 분야에 대해 각 부분의 만족도를 측정하는 것이 높은 상관관계를 가지기 때문에 단일 척도를 사용하는 것도 무방하다고 설명한다.

반면에 George(1980)은 단일문항으로 생활만족도라는 추상적 개념을 측정하는 것이 거의 불가능하므로 복수의 문항들을 사용해야 한다고 주장한다(최성재, 1986 재인용). Neugarten 등(1961)에 의해 개발된 생활만족도 지표들(Life Satisfaction Index)은 열의와 결심과 인내, 바라던 목표와 실제달성 목표와의 일치성, 긍정적 자아개념 및 기분상태 등을 20개 문항으로 측정하고 있다(이가옥 외, 1994). 그리고 노인들의 생활만족도를 총체적으로 측정할 수 있는 측정도구로 Salamon과 Conte(1984)의 "노인 생활만족척도(LSES: Life Satisfaction in the Elderly Scale)"가 있다. 노인 생활만족척도는 Neugarten 등(1961)에 의해 개발된 흥미와 무관심, 결심과 참을성, 바라던 목표와 성취한 목표 사이의 일치성, 긍정적인 자아상, 기분, 자아개념, 건강, 재정, 사회적 교제의 8개 하위영역 척도로 구성되어 있다. 8개 하위요인은 각 5개 문항으로 구성되어 있으며, 총 40개 문항의 5점 척도로 측정된다. 이러한 각 요인의 점수를 합산한 값이 개인의 생활만족도를 나타내는 척도가 된다. 최성재(1986)는 시간적 차원을 고려한 20개 문항의 노인의 생활만족도 척도를 개발하였다. 1994년 전국 노인들의 생활실태를 조사한 이가옥 외(1994)의 연구에서는 본래 20개의 항목으로 구성되어 있는 LISA로부터 국내에서 사용하기에 적합한 12개의 항목을 뽑아서 LSI를 작성하여 사용하였다(한형수, 2002: 53-55).

본 연구에서는 생활만족도라는 추상적 개념을 단일문항으로 측정하기 어렵기 때문에 삶의 다양한 영역에 대해 복수의 문항으로 측정할 필요가 있다고 보고, 그중에서도 시간적 차원을 고려한 최성재(1986)의 노인 생활만족도 척도를 이용하여 노인의 생활만족도를 측정하였다.

3) 고독감

고독이란 개념은 하나로 정의내리기 어려우며, 이에 따른 고독감 이론도 다양하게 제시되고 있다. 개인주의적인 가치가 널리 퍼져 있는 서구사회에서는 이미 오래전부터 소외나 고독이 심각한 사회적 문제로 지적되어 왔다(Rosenberg, 1997).

우리나라 역시 현대화될수록 전통적인 가족제도가 붕괴되어 가고 핵가족화되어 가고 있는 상태에 있다. 성장한 자녀들은 모두 독립해서 나가 부모세대가 남는 가구가 늘어나고 더구나 도시생활에 있어서는 서로 간의 유대가 없어지고 서로 의지하고 살아갈 수 있는 여건이 안 되어 있는 상태에 있다. 특히 노년기에 접어들면서 항상 고독하고 쓸쓸한 감을 면하기가 힘들 것이다. 거기에다 의존심의 대상이었던 배우자나 집안사람들, 또 사회적 유대를 맺어주던 벗과 주위 친지들의 죽음은 고독감과 쓸쓸함을 한층 더 심하게 할 것이며 자기 자신에 대한 불안감을 증대시킬 것이다 (김화신, 1999).

노인에게 있어서 고독감은 노화 과정에서 겪어야 하는 극복할 수 없는 문제 중의 하나이며(Baines, 1981), 특히 65세 이상의 노인 중 12~40%가 고독의 고통으로부터 벗어나지 못하고 있다(Harris & Frankel, 1977). 실제로 노인보호시설에 있는 노인의 30% 이상이 고독감으로 고통을 겪고 있는 실정이다(Shanas, et al., 1968). 특히 노인이 역동적인 사회활동으로부터 고립되어 있다는 정서적 경험은 신체적·정신적 부조화에 앞서서 제기되는 가장 중요한 문제이다(Rathbone, McCuan & Hashini, 1982).

고독감의 심리적 특징의 본질에 대한 의문은 두 가지 점에서 일치된 견해를 보이고 있다(Peplau & Perlman, 1982). 첫째, 고독감은 불안과 우울증과 같은 부정적 감정상태와 유사한 회피적 경험이고 둘째, 사회적 고립과는 구별될 뿐만 아니라, 자신의 사회적 관계망에 대한 부적응의 인지로부터 비롯된다. 사회적 관계망에 대한 부적응은 양적으로는 친구의 부족, 질적으로는 타인과의 친밀감의 결여를 의미한다.

노인의 고독감과 관련된 감정이나 징후는 내·외적 자극에 대한 주관적 반응으로서 이러한 자극은 개인의 환경적 조건이나 배우자 상실 및 건강약화 등과 같은 상태가 관찰 가능한 형태로 나타난다(Creecy, Berg & Wright, 1985). 그러나 고독감은 개인의 외형적 조건의 변화가 없는 경우에도 생성되며(Hoskisson, 1973), 특히 관계의 결손(relational deficit)으로 인한 고독감은 일상적 생활 기반 내에서 이루어지기도 한다(Weiss, 1973). 예를 들어, 배우자의 상실은 관계의 결손이기 때문에 삶의 목적과 의미를 제공하는 개인적 삶의 기반을 제거함으로써 고독감을 경험하게 된다(Lopata, 1973).

Creecy 등(1985)은 고독감과 관련변인 간의 상관관계 확인 규명에 초점을 두어온 이제까지의 연구와는 달리 고독감과 생활만족에 공통적으로 영향을 미치는 변인들의 상관관계를 분석하였다. 그들은 고독감을 설명하는 변인 간의 상관관계와 고독감과 그 유관변인의 수준에 기초하여 고독감의 인과모형을 제시하면서 고독감은 노인이 경험한 축적된 역할 결손의 산물로서 노인의 역할 상실은 노인의 생활만족에 절대적으로 영향을 미친다. 사회활동 또는 여가활동의 참가수준은 이러한 관점에서 고독감을 감소시킨다.

4) 노인의 심리적 복지에 미치는 요인

노인의 심리적 복지를 설명함에 있어서 사회학적으로 분석한 학자들에 의해 제기되고 있는 요인들 중에서 본 연구에서는 다음과 같은 요인으로 한정하였다.

(1) 성 별

성별과 심리적 복지감에 관해서도 많은 선행연구가 이루어진 바 있다 (Cotten, 1999; Mirowsky and Ross, 1989; Mirowsky and Ross, 1995; Turner and Lloyd, 1998; Turner and Marino, 1994; Umberson et al., 1996). Mirowsky와 Ross(1995)는 성별과 정신건강 간의 관계를 연구하였다. 그들은 일반적으로 여성들이 남성들보다 심리적 괴로움의 수준은 높고 건강 및 복지감(well-being)의 수준은 낮은 것으로 보고하고 있다(김영혜, 2004).

Cotten(1999)도 남성보다 여성들이 심리적 괴로움의 수준이 높음을 제시하였으며, Umberson과 그의 동료들(1996)의 연구에서도 여성들의 우울도가 남성보다 높은 것으로 밝혀졌다. 조성남(2001)도 한국의 여성노인들의 남성노인에 비해 삶에 대한 심리적 복지감 수준이 더 낮다고 보고하고 있다. 한국사회의 노인들의 결혼적응에 관한 연구들에서도 여성노인보다는 남성노인의 결혼적응이 높게 나타나며(김혜경, 1996; 윤영, 1990), 노인들을 대상으로 결혼만족도를 연구한 이신숙(1997)의 연구에서도 남성노인들의 결혼만족도가 여성노인보다 높게 나타났다.[4]

---

4) 그의 연구에서는 남성들의 성역할태도가 여성노인들보다 전통적인 편으로 나타났지만 그들의 결혼만족도는 더 높게 나타났다.

(2) 연 령

한편 연령과 심리적 복지감 간의 관련성에 관한 서구의 많은 연구들은 연령이 높아질수록 심리적 복지감이 낮아지는 경향이 있음을 보고하고 있다. Turner와 그의 동료들(1994)의 연구에서는 같은 세대 내에서도 연령이 높을수록 우울증이 증가하는 경향이 있음을 밝히고 있고, Mirowsky와 Ross(1989) 그리고 Turner와 Llody(1998)는 중년부부와 비교했을 때 젊은 부부나 노년기의 부부가 심리적 괴로움의 수준이 높고 복지감(well-being)의 수준은 낮게 나타난다는 것이다.

그러나 결혼만족도의 경우는 심리적 복지감과 다르게 나타나는데, 일반적으로 노년기에는 결혼만족도가 높아진다고 한다. 즉 U자형 결혼만족도라 하여 결혼 초기에 결혼만족도가 높았다가 첫 자녀 출산 후부터는 감소하기 시작하여 첫 자녀의 학동기에 가장 낮으며, 그 후 다시 상승하기 시작하여 자녀들이 모두 가정을 떠나고 나면 결혼만족도가 다시 높아진다는 것이다 (Anderson, et al., 1983; Schram, 1979). Orbuch 등(1996)도 자녀양육 부담과 일로부터의 해방이 노년기의 결혼만족을 높여준다고 보고하고 있다.

그러나 국내에서 이루어진 많은 선행연구들은 일관되게 연령이 증가할수록 복지감 및 결혼만족도가 낮아진다고 보고한다(김명자, 1985; 원영희, 1995; 이종범 외, 1984; 장재정, 1987; 최덕신, 1993). 원영희(1995)는 노인들을 대상으로 한 연구에서 노인의 연령이 높아질수록 심리적 복지감이나 행복감은 떨어지는 경향이 있음을 보고하고 있다. 이종범 등(1984)도 노인세대의 경우 남성과 여성 모두 연령이 증가할수록 우울 정도가 더 심해지는 경향을 보여준다. 결혼만족도에서도 이와 같은 경향이 나타나는데, 한국의 부부들은 노년기에 대체로 결혼만족도가 낮은 경향이 있다는 것이다(이기숙, 1984; 최규련, 1984).

최규련(1984)은 남성과 여성 모두 연령이 높아질수록 결혼만족도는 낮

아지는 경향이 있다고 보고하고 있고, 이기숙(1984)은 신혼기에는 결혼만
족도가 높으나 중년기가 되면 감소하고 장년기가 되면서 다소 증가하다가
노년기에서는 다시 감소하는 옆으로 누운 S자 유형을 제시하고 있다.5)

(3) 교육수준

김정석과 김익기(2000)는 그들의 연구에서 교육수준이 높은 노인일수록
주관적 안녕과 만족의 수준이 상대적으로 높아짐을 보여준다. 또한 많은
연구들은 교육수준 단일요인보다는 소득이나 직업지위 등을 합한 사회경제
적 지위(SES) 개념을 통해 사회경제적 지위가 높은 사람의 정신건강 상태
가 사회경제적 지위가 낮은 사람의 정신건강 상태보다 더 좋음을 밝히고
있다(Mirowsky & Ross, 1989; Turner & Lloyd, 1998; Turner & Marino,
1994). Cotten(1999)은 사회경제적 지위가 높은 사람일수록 심리적 괴로움
(psychological distress)의 수준은 낮아진다는 결과를 제시한 바 있다.

(4) 가계소득

경제적 측면은 인간이 기본적인 생활을 영위해 나감에 있어 가장 중요
한 요소 중 하나로, 노인의 경우는 주된 직업에서 은퇴한 이후이므로 자
칫 경제적으로 불안해 질 가능성이 높았다.6) 그러므로 노후의 경제적 불
안정은 노년기에 흔히 생길 수 있는 문제점 중의 하나이고7) 이것은 성역

---

5) 조정문과 장상희(2001)는 서구화사회와 달리 한국 노인의 결혼만족도가 낮은
   것은, 한국의 노부부들이 부부중심의 결혼생활에 익숙하지 않거나 노인들이
   경제적으로 자녀에게 의존해 있기 때문이라고 한다.
6) 한국보건사회연구원(1998)의 조사에 따르면, 우리나라 65세 이상 노인 중 전
   체 소득이 없는 노인은 3.9%에 이르며, 월 평균 소득이 50만 원 미만의 노인
   은 74.8%에 달한다.
7) 노년기 빈곤문제의 심각성은 노인들이 사회보호 정책의 주요 대상이 되고 있

할태도, 가사노동분담 그리고 심리적 복지감에 영향을 미치게 된다.

한편, 노인들의 경제적 수준과 심리적 복지감 및 생활만족도에 대한 연구를 살펴보면, 항상 경제적으로 여유 있는 노인들의 생활에 대한 만족도가 높은 것은 아니지만, 대체로 높은 수익과 경제적 안정은 노인의 생활만족도를 전반적으로 높이는 데 기여하고 있다(Chatfield, 1977; Kalish, 1975; Larson, 1978). 경제적으로 불안정하면 심리적으로 불안하게 되어 자신의 생활에 대하여 부정적인 견해를 갖게 되기 때문이다(Klemmack and Roff, 1984). 그러므로 전반적인 생활수준이 높은 노인일수록 심리적 복지감의 수준도 높아진다(원영희, 1995).[8] 김정석과 김익기(2000)도 경제 사정이 좋은 노인일수록 비교적 심리적 안녕(psychological well-being)과 생활만족도가 높아진다고 하였다.

그리고 수입과 교육수준 그리고 직업지수 등을 모두 고려한 개념인 사회경제적 지위(SES)가 높을수록 개인의 심리적 복지 수준이 높게 나타난다(김명자, 1981; 김현화, 1992; 박수정, 1992; Mirowsky and Ross, 1989). 특히 정년 시기가 비교적 빠른 우리나라에서는 수입원이 불안정한 노년기를 겪게 되므로 경제적 요인은 생활만족도와 불가분의 관계를 갖는다(박충선, 1998). 또한 빠른 정년과 함께 미비한 사회보장제도도 한국 사회의 노인들의 삶의 질을 위협하는 요인 중 하나일 것이다. 이상의 연구들을 종합해 보면, 노인들의 경제적 수준을 결정해 주는 가구소득은 심리적 복지감에 영향을 미치는 것을 알 수 있다.

는 것을 보면 잘 알 수 있다. 보건복지통계(2002)에 따르면, 2000년 개정된 국민기초생활보장법에 따라 국가로부터 생계보조 혹은 자활지원을 받는 기초생활보장 수급자 중 65세 이상 노인이 차지하는 비율은 24.2%에 달한다.

8) 비록 경제적 문제가 노인생활의 중요한 부분이기는 하지만, 경제적 요인보다 건강상태나 사회적 고립 정도가 노인의 생활만족도, 나아가 심리적 복지감을 결정하는 데 더욱 중요한 요소로 작용한다는 연구도 있다(장상희·조정문, 1985).

72

(5) 건강수준

장상희와 조정문(1985)은 노인의 생활만족도에 영향을 주는 중요한 요인 중 하나가 건강상태라는 점에 주목하는데, 좋지 못한 건강상태가 노인들의 활동을 부자유스럽게 할 뿐만 아니라 사회적 고립 정도를 높여서 결과적으로 소외감을 느끼게 한다고 주장하였다. 노인들이 건강한 노후를 보내는 것은 노후생활을 성공적으로 보낼 수 있는 신체적 조건과 심리적 조건을 갖추고 있다는 것을 의미하며 이러한 조건들은 그들의 심리적 복지상태와 직결된다. 원영희(1995)도 노인의 건강상태가 좋을수록 노인의 심리적 행복감의 정도가 높아짐을 보고하고 있다.[9] 또한 조성남(2001)도 그의 연구에서 신체적으로 건강이 양호한 노인들이 건강상태가 좋지 못한 노인에 비해 상대적으로 심리적인 안녕감을 더욱 느끼고, 삶의 만족도도 높아짐을 제시하고 있으며, 따라서 그는 노인들의 전반적인 정신건강은 신체적인 건강상태와 밀접한 관련이 있다고 주장한다. 그 밖의 여러 연구(Atchley and Miller, 1983; Liang 1982; Liang and Wafer, 1983; 윤 영, 1990)에서도 건강상태가 좋은 사람일수록 결혼적응이나 생활만족도가 높은 것으로 나타나고 있다.

(6) 배우자

노인들에 있어서 배우자를 상실하게 되면 남은 사람은 고독을 느끼게 되며, 특히 여성들은 남편과의 사별은 경제적, 사회적 지위의 하락과도 깊은 연관이 있다(Atechley, 1975). Shanas 등의 연구에서는 홀로된 노인들은 배우자가 생존해 있는 노인보다 생활에 더 많은 불만을 느낀다고 보고하고 있다. 또한 Morgan의 연구는 홀로된 노인들에게 있어서도 생활만족

---

9) 원영희는 건강상태 외에도 연령이 적을수록, 생활수준이 높을수록 그리고 자녀와의 관계의 질이 좋을수록 노인의 심리적 행복감의 정도가 높아짐을 보고한다.

과 깊은 연관이 있다고 보고하고 있으며, 이것은 단순히 배우자를 상실했다는 이유만이 있는 것이 아니라 다양한 다른 변수들에 의해서도 생활만족 등 심리적 복지 수준을 결정하는 데 영향을 미칠 수 있다고 주장하였다. 본 연구에서는 배우자의 사망이나 이혼, 별거 등 내용의 구분 없이 배우자 유무로 분류하여 설정하였다.

(7) 사회적 관계망으로서 사회봉사활동

사회적 관계망 혹은 사회적 연결망(social network)은 개인이 비공식적으로 교제하는 빈도, 그들이 가깝게 느끼는 사람들의 수 그리고 그들의 사회적 관계가 긴장과 지원에 의해 특성화되는 정도를 가리킨다(Umberson et al., 1996). 그리고 이러한 사회적 관계망은 교제 및 정보의 교환을 가능케 하며, 비상시에 후원자로서의 역할을 할 수 있을 뿐만 아니라 사회로서의 통합을 가능하게 해 주는 중요한 사회적 자원이다(Campbell, Marsden & Herbert, 1986; Lin, 1982).

노인의 경우는 사회적 관계망의 기능이 어느 시기보다도 중요함에도 불구하고, 일반적으로 노년기에는 대인관계의 축소를 경험하게 된다. 노동으로부터 제외되면서, 즉 사회적 은퇴와 더불어 노인의 사회적 관계망은 축소하게 되는 경향이 일반적이다(정경희, 1995).

반경숙(2000)은 노인의 사회적 관계망을 구성하는 집단은 일차적 비공식집단과 이차적 비공식집단의 두 종류로 분류하는데, 일차적 비공식집단은 가족으로 구성되며, 이차적 비공식집단은 지역사회로 친구, 이웃, 종교단체 및 봉사단체로 이루어진다.[10] 그런데 한국 노인의 사회적 관계망은 일반적으로 일차적 비공식집단인 가족을 중심으로 이루어지고 있으며, 이

---

10) 본 연구에서는 일차적 비공식집단인 가족과의 관계망은 이차적 비공식집단인 지역사회와의 관계망을 사회적 관계망으로 지칭하고 있다.

웃, 친구, 종교단체, 자원봉사단체 등 지역사회와 연계된 정도는 약한 편이다. 또한 일차적 비공식집단인 가족과 이차적 비공식집단인 지역사회에 동시에 연계되어 있는 노인은 비교적 적은 편이어서 노인의 주된 생활환경은 가족에 한정되어 있는 것으로 나타난다.[11]

사회적 관계망은 노년기에 긴장을 일으키는 사건들에 대처하고 자신의 생활태도를 되돌아봄에 있어서 중요한 자원이 될 수 있기 때문에 노인들의 성역할태도, 가사노동분담 그리고 심리적 복지감에 영향을 미칠 것으로 생각된다. 우선, 사회적 관계망이 넓은 노인일수록 근대적 성역할태도를 지녔을 것으로 예상되는데, 그것은 노인의 다양한 사회적 관계망이 다양한 생활의 정보를 얻는 통로가 되고 의사소통의 기회가 되기 때문이다. 그리고 근대적 성역할태도는 평등한 가사노동분담을 가져올 것으로 예상되므로, 사회적 관계망이 넓은 노인은 가사노동분담에서도 적극적일 것으로 생각된다. Durkheim(1951)의 『자살론』 이후 개인의 사회적 통합과 정신건강 간의 관계에 대한 학자들의 관심이 높아졌으며, 특히 사회적 관계망이 개인의 심리적 복지감과 정적 관계가 있음은 많은 연구자들에 의해 밝혀진 바 있다. 따라서 본 연구에서는 사회봉사활동 변인을 사회적 관계망의 변인으로 설정하여 살펴보는 것은 의미가 높다고 할 수 있다.

5. 노인의 생활체육참가와 심리적 복지 선행연구

1) 심리적 복지 선행연구

고독감과 같은 부정적 정서에 의해 야기된 정상적인 여가활동의 감소는

---

11) 박경숙(2000)의 연구에서는 모든 유형의 사회적 관계를 유지하지 못하고 있는 이른바 '고립형'의 노인도 전체 조사노인의 30.5%에 이르고 있다.

노인의 사회적 성취 수준을 감소시킬 뿐만 아니라 노인의 개인적·사회적 욕구 및 성취욕구의 몰락을 가져옴으로써(Williams, 1978) 생활에서의 만족감이나 행복수준을 저하시킨다. 따라서 노인여가활동은 노인의 사회활동이나 사회관계 등에 영향을 미침으로써 역할 상실, 고립, 격리 등의 고독감에 영향을 미친다고 할 수 있다.

Graney(1975)와 Maddox(1963)는 노인의 활동과 사기에 관한 연구에서 이 두 변인 간에는 정적인 관계가 있으며, 이는 노인 생활만족에 중요한 영향을 미친다고 지적하면서 노인 생활만족에 고독감이 미치는 영향에 대한 추후 연구가 필요함을 역설하였다.

반면에 여가 및 사회활동에 적극적으로 참여하지 못하는 노인이 비교적 높은 수준의 사회적응력 및 생활만족을 나타내 보이는 연구결과도 있으며(Cumming & Henry, 1961; Lemon, Bengston & Peterson, 1972; Neugarten & Havighurst, 1969; Reichard, Livson & Peterson, 1962; Williams, 1978), 고독감과 여가활동 그리고 생활만족과는 전혀 관계가 없다는 연구결과도 있다(Bull & Aucoin, 1975).

따라서 노인의 고독감은 생활만족의 충족을 저해하는 환경 및 상태에 대한 총체적이고 복합적인 반응으로 이해하여야 하며, 고독감과 생활만족은 여가 및 사회활동의 수준과 노인의 개인적 특성 등의 영향을 받는다고 할 수 있다.

2) 노인복지시설과 심리적 복지 선행연구

노인복지시설 이용 여부에 따른 삶의 질 비교연구에서 채수원과 오경옥(1992)은 일반가정 노인의 삶의 질 정도가 양로원 노인의 삶의 질 정도보다 높음을 보고하면서 사회적 지지 정도가 삶의 질에 크게 영향을 미친다고 하였다. 또한 이들은 일반가정 노인에게서는 용돈이, 양로원 노인에게서는 종교가 노인의 삶의 질에 영향을 미치는 변수임을 보고했다. 이선영과 김희경(1998)의 연구결과에서도 가정 노인의 삶의 질 점수가 양로원 노인의 평균 점수보다 높게 나타났다.

반면, 서용길(1998)은 지역노인들과 비교한 시설노인들의 건강관련 삶의 질 연구에서 전반적인 일상생활 기능과 삶의 질적 수준에 있어서는 지역사회 노인군이 시설 노인군에 비해 양호한 상태이지만, 노인 자신이 느끼는 주관적 삶의 질에서는 시설 노인군이 더 긍정적인 것으로 나타났다. 차성환(1999)은 노인종합복지관을 사회적 지지자원으로서 파악하여 이를 이용하는 노인과 이용하지 않는 노인을 비교 연구하였다. 그 결과 노인종합복지관을 이용하는 노인이 이용하지 않는 노인에 비해 삶의 만족도가 높은 것으로 나타났다. 삶의 만족도에 영향을 미치는 요인에 대해 분석한 결과, 복지관의 이용은 노인의 삶의 만족도에 긍정적인 영향을 미치는 것으로 나타났으며, 그 외에 연령, 배우자 유무, 친척관계 정도가 통계적으로 유의미한 영향을 미치는 것으로 나타났다. 설말순(2000)의 연구에서 실버타운[12] 노인의 삶의 질이 가정노인보다 전체적으로 높게 나타났으며, 삶의 질을 영역별로 볼 때 건강상태, 대인관계, 주거환경 편이도, 주관적 행복감 영역 면에서도 역시 실버타운 노인의 만족도가 가정노인보다 높게 나타났다.

시설노인을 대상으로 삶의 질에 영향을 미치는 요인에 대한 연구에서 전신아·신재신(1993)은 양로원 노인의 건강상태, 무력감, 생활만족도를 조사하였으며, 김미애(1994)는 성, 연령, 경제수준 등 배경변인이 양로시설에

---

12) 그의 연구에서, "실버타운은 일반적으로 노인천 또는 노인주거단지라고 하는데 노령자들에 필요한 시설 및 서비스 기능을 갖춘 복합시설로서 유료양로원 및 유료요양원보다 큰 규모의 노인전용 복합시설 단지를 말한다. 그러나 우리나라에서의 실버타운은 현재 보건복지부의 노인복지법상 유료노인복지시설로 개념이 한정되어 있으므로 본 연구에서는 유료노인홈의 경우도 실버타운으로 간주하고 연구에 포함하기로 한다."고 언급하고 있다(설말순, 2000: 28).

수용된 노인의 생활만족도, 생활의 적극성 및 시설만족도에 어떠한 영향을
미치는지에 대한 연구를 통해 생활만족도는 남자 노인이 여자노인에 비해
높게 나타났으며, 수용 시설 입소 기간이 4년 이상인 집단이 3년 이하인 집
단에 비해 높게 나타나 성 및 수용시설 입소 기간이 수용시설 노인의 생활
만족도에 영향을 미치는 것으로 나타났다. 노유자와 김춘길(1995)은 스트
레칭, 수중보행, 정리운동으로 구성된 운동프로그램을 65세 이상의 양로원
노인에게 12주간 적용하여 이들의 삶의 질을 연구한 결과에서, 운동프로그
램이 이들의 삶의 질을 높여주었음을 보고하였다. 박란숙(1997)은 서울시
내 대학병원에 입원하고 있는 60세 이상의 노인들을 대상으로 한 연구에서,
입원노인환자들의 삶의 질은 개인의 일반적 특성에 따른 신체적 요인, 정
서적 요인, 사회적 요인들의 복합적 관계에 의하여 영향을 받는 것으로 나
타났다. 그리고 병원에 입원한 노인 환자들에게는 폭넓고 진지한 가족지지
및 관심을 갖는 가족형태 등의 요인 그리고 일정하고 만족할 만한 수입원
도 중요한 삶의 질 향상요인으로 작용함을 알 수 있었다. 김미라(2002)는
서울 시내 소재 9개 노인복지관 및 2개 종합사회복지관을 이용하는 60세
이상 노인 252명을 대상으로 한 조사에서 자아존중감, 사회교육 참여여부,
사회단체 참여여부, 성생활의 필요성, 생활수준 등이 생활만족도에 통계적
으로 유의미한 영향력을 미치는 것으로 보고했다.

　삶의 질에 대한 직접적인 연구는 아니지만, 박정문(2001)의 연구에서
노인복지시설 입소노인을 대상으로 무력감에 미치는 영향을 개인요인, 사
회적 지지요인, 시설요인으로 나누어 연구한 결과 노인복지시설의 유형이
입소노인의 무력감에 영향을 끼치지 않는 것으로 나타났다. 그러나 현 수
용인원이 많은 시설의 노인이 그리고 농촌 지역에 위치한 시설의 노인이
정서적 무력감, 건강활동 무력감 등이 낮게 나타났다. 그 밖의 연구로는
시설노인과 가정노인의 소외 정도(박금화, 1983), 양로원 노인과 재가노인
의 불안과 우울 정도 비교(서효석, 1992)에 관한 연구 등이 있다.

Karen(1998)은 양로원 거주자를 대상으로 조사한 결과 요양시설 노인들의 삶의 질이 환경, 시설의 철학, 상호작용, 안정감, 선택권, 충분한 정보를 갖고 내리는 의사결정권, 활동, 사생활, 개인적 사회적, 영적 삶 등으로 나타났음을 보고했다(최수정, 2000: 17 재인용). 장기시설에 있는 노인들과 면담 한 결과 그들이 지각하는 삶의 질의 의미는 ① 시설기관 내의 다른 거주자나 직원과 의사소통하는 참여자의 능력 ② 자신을 돌보는 능력 ③ 자신보다 더 많은 도움을 필요로 하는 다른 노인들을 돌볼 수 있는 능력이나 도와줄 수 있는 능력이라고 했다.

이와 같은 의미에서 노인종합복지관이나 실버타운이용 여부는 삶의 질에 긍정적 영향을 미치는 것으로 나타나고 있으나 대체적으로 시설노인 중 양로원 노인의 경우는 일반가정의 노인보다 삶의 질이 낮은 것으로 나타났다.

그러나 노인의 삶의 질을 삶의 객관적인 요소가 아닌 성공적 노화의 과정 속에서 지각하는 주관적인 만족도로 파악할 때, 서용길(1998)의 연구 결과에서 나타난 바와 같이 전반적인 일상생활 기능과 삶의 질적 수준에 있어서는 지역사회 노인군이 시설 노인군에 비해 양호한 상태일지라도 노인 자신이 느끼는 주관적 삶의 질에서는 시설 노인군이 더 긍정적일 수 있음을 시사하고 있다.

3) 생활체육과 심리적 복지 선행연구

선행연구들은 대체적으로 심리적 복지의 하위영역을 생활만족도나 행복감, 사기 등의 긍정적 차원만으로 평가하거나, 우울 등의 부정적 차원만을 평가하기도 하고 혹은 긍정적 차원과 부정적 차원을 함께 측정하여 평가하기도 한다. 심리적 복지를 주로 긍정적 차원으로 측정한 연구들에서는 행복감, 생활만족도, 긍정적 정서(Diener, 1984, 1994), 긍정적 정서와 생활만족도(류연지, 1996; 이희정·이숙현, 1994), 행복과 생활만족도(White & Edwards, 1990), 생활만족도(Ducharme, 1994; Krause, 1994; Mastekaasa, 1992) 생활만족도와 자아존중감(Dungan, Brown & Ramsey, 1996), 자아존중감과 자기수용(Ryff & Keyes, 1995), 사기와 생활만족도(Kivett, 2000) 등이 하위영역으로 구성되었다. 반면 원영희(1995), 이신숙(2002), Silverstein, Chen과 Heller(1996) 등은 우울 등 부정적 차원을 측정하여 심리적 복지를 파악하였고 Krause(1986)도 노년기의 사회적 지지, 스트레스가 복지에 미치는 영향을 조사하면서 심리적 복지의 개념으로 우울을 측정하였다.

한편 심리적 복지의 부정적 차원과 긍정적 차원 모두를 측정하여 심리적 복지의 수준을 평가한 연구들도 상당수 차지한다. 강인 등(1998), 고승덕 등(1997), 이선미(2001), 하양숙(1991)은 긍정적인 차원에서 생활만족도를, 부정적인 차원에서 우울을 측정하여 심리적 복지를 평가하였고, 박수정(1992)은 자아존중감, 생활만족도, 우울을, 윤순덕(2004)은 긍정적 정서로 행복감과 부정적 정서로 고독감, 인지적 측면에서 생활만족도를 심리적 복지에 포함시켰다. Marks(1996)는 신체적 스트레스로 우울과 적대감, 심리적 복지로 자긍심, 목적감, 통제감, 성숙감, 타인과의 긍정적 관계, 자율성을 측정하였고, Adelmann(1994)은 노인의 심리적 복지를 평가하면서 생활만족도, 우울, 자아효능감을 측정하였으며 전영자(1991)는 자아존중감, 우울, 불안을 심리적 복지의 하위영역으로 측정하였다.

이처럼 심리적 복지를 측정하는 척도가 연구자에 따라 일관성 있게 사용되지 않고 있지만 대체로 최근의 연구들은 생활만족도, 자아존중감과 같은 긍정적 차원과 우울이나 불안 등의 부정적 차원으로 심리적 복지를 정의하고 측정하는 경우가 일반적이다(김오남, 1998; 이선미, 2001). 노인의 생활만족도란 생활에 대한 기대와 현실적인 충족 간의 합체에서 오는 주관적인 만족감이나 행복한 느낌으로 정의되고 있다(Meeberg, 1993). 또한 현재의 생활 전반에 관한 만족뿐만 아니라 자신의 인생을 스스로 판단

함에 있어 가치 있고 성공적이라고 인정하는 심리적 안정감이나 주관적
복지를 나타내주는 감정상태로 지금까지 살아온 생활에 대한 종합적인 만
족도를 의미한다(Kalish, 1975).

생활만족도는 1961년에 Neugarten, Havighurst와 Tobin(1979)이 생활만
족도 지표(Life Satisfaction Index)를 개발한 이후로 개념이 일반화되었는
데 그들에 의하면 생활만족도란 매일의 생활을 구성하는 활동으로부터 기
쁨을 느끼며, 자신의 생활에 대해 의미와 책임감을 느끼며, 자신의 목적을
성취하였다고 느끼며, 긍정적 자아상을 지니고 자신을 가치 있다고 여기
며 일상에서 낙천적인 태도와 감정을 유지하는 것이라고 하였다. 이러한
생활만족도는 개인의 정신건강을 결정짓는 중요한 요소이므로(Medley,
1976) 퇴직한 노인의 심리적 복지를 나타내기에 충분하다고 여겨진다.

또한 심리적 복지와 관련된 또 하나의 영역인 우울은 인간이 보편적으
로 갖고 있는 다양한 감정 중의 하나로, 전혀 우울을 경험하지 않는 정상
적인 기분변화에서부터 정신치료의 도움을 필요로 하는 병적 상태까지 연
속적인 특성을 갖는다. 우울은 일반적으로 내인성으로 불려지는 일차적
우울(primary depression)과 반응적 혹은 외인성으로 불려지는 이차적 우
울(secondary depression)로 분류된다. 일차적 우울은 개인 내부의 요인에
의해서, 이차적 우울은 외부의 스트레스에 의해 야기되는 것이다(이영자,
1999). 또한 Beck(1967)은 우울 반응을 생리학적 반응, 정서적 반응, 행동
적 반응, 인지적 반응으로 분류하였는데 생리학적 반응으로는 피로감, 체
중감소, 식욕상실, 수면방해를, 정서적 반응으로는 낙담, 애착상실, 기쁨이
나 즐거움의 상실, 유쾌한 반응의 상실이라고 하였다. 행동적 반응으로는
울음, 무기력 자살기도 등이며 인지적 반응으로는 부정적 기대, 비관, 자
기비난, 동기상실 등이 있다.

Ⅲ. 연구
방법

　본 연구에서는 노인여가복지시설 생활체육프로그램 참가(참가 정도, 참가 동기)와 여가만족 및 심리적 복지의(생활만족과 고독감) 변인을 중심으로 연구모형을 설정하고 이들 간의 인과관계를 규명하기 위하여 다음과 같이 연구대상, 조사도구, 자료수집, 자료처리 및 분석방법을 실시하였다.

1. 연구대상

　본 연구에서는 2006년 현재 충청권역에 거주하는 만 60세 이상의 노인을 모집단으로 설정하였다. 조사대상자의 표집절차는 집락무선표집법(cluster random sampling)으로 추출하였다. 본 연구에서 60세 이상의 노인을 모집단으로 설정하는 이유는 최근에 급속하게 진행되고 있는 기업들의 구조조정 등으로 인하여 퇴직연령이 낮아지는 추세에 있다. 그리고 노인복지법시행규칙 제14조 각 항목에 따르면 노인여가복지시설 이용제한 연령이 종류에 따라서 다소 다르겠지만 일반적으로 60세로 제한하고 있기 때문이다.

　표집 추출절차는 충청권역을 4개의 권역으로 나누고 이들 권역에 소재하고 있는 생활체육프로그램이 설치된 노인여가복지시설을 중심으로 표집틀(sampling framework)을 작성한 다음, 난수표를 이용하여 각 지역별로 3개 시설씩 총 12개 시설을 무선으로 선정하였다. 이들 12개 시설에서 생

활체육프로그램 참가 노인을 각 30명씩 360명을 표집대상자로 선정하였으
며, 설문조사에 참여한 인원은 320명이었다. 이 중 회수된 자료의 명료화
과정에서 불성실하게 응답했다고 판단되거나 조사내용이 30% 이상 누락
된 자료 등을 제외하고 최종적으로 연구에 사용된 조사대상자는 308명이
며, 구체적인 연구대상의 일반적 특성은 〈표 6〉과 같다.

표 6. 연구대상자의 일반적 특성

변 인	구 분	사례 수	백분율	누적백분율
성	남	164	53.2	53.2
	여	144	46.8	100
연령	60−64세	29	9.4	9.4
	65−69세	77	25.0	34.4
	70−74세	112	36.4	70.8
	75−79세	66	21.4	92.2
	80세 이상	24	7.8	100
학력	무학	25	8.1	8.1
	국졸	130	42.4	50.3
	중졸	55	17.9	68.2
	고졸	73	23.7	91.9
	대졸 이상	25	8.1	100
월평균 가계소득	100만 원 미만	138	44.8	44.8
	101−150만 원	121	39.3	84.1
	150만 원 이상	49	15.9	100
배우자	유	200	64.9	64.9
	무	108	35.1	100
주관적 건강수준	허약	73	23.7	23.7
	보통	127	41.2	64.9
	건강	108	35.1	100
사회봉사활동	안한다	205	66.6	66.6
	한다	103	33.4	100

2. 조사도구

1) 설문지의 구성

본 연구에서는 노인여가복지시설의 생활체육프로그램 참가와 심리적 복지의 인과적 관계를 규명하기 위하여 설문지를 조사도구로 사용하였다. 사용한 설문지는 국내·외 선행연구에서 이미 설문지의 신뢰도 및 타당도 검증을 실시하여 사용했던 도구들 가운데 연구의 내용에 타당한 변인들을 재구성하여 사용하였다. 설문지를 이용한 변인의 구성은 연구의 모형에 부합하여 연구가설 분석에 필요한 변수들, 즉 개인적 특성, 생활체육참가, 참가 동기, 여가만족, 심리적 복지의 생활만족 및 고독감을 측정하는 문항으로 구성하였다. 설문지의 주요 구성지표는 〈표 7〉과 같다.

표 7. 설문지의 주요 구성지표

구성지표	문항내용	문항 수
개인적 특성	성, 연령, 배우자 유무, 주관적 건강수준 월평균가계소득, 교육수준, 사회봉사활동 유무	7
생활체육참가	참가 정도(빈도, 기간, 시간)	3
참가 동기	건강지향형, 자기개발형, 사교지향형, 가정지향형, 취미·오락지향형	20
여가만족	심리적 만족, 교육적 만족, 사회적 만족, 휴식적 만족, 생리적 만족, 환경적 만족	24
심리적 복지	생활만족 과거 생활만족에 대한 평가 현재 생활만족에 대한 인지 미래 생활만족에 대한 기대	20
	고독감 사회적 역할 상실감 소외감에 대한 인지도 사회적 관계의 단절에 대한 인지도 좌절에 대한 정서적 경험	10
총 계		84

(1) 개인적 특성

개인적 특성은 성, 연령, 배우자 유무, 주관적 건강수준, 월평균가계소득, 교육수준, 사회봉사활동 유무를 측정하는 7문항이다. 개인적 특성에 관한 요인들은 문헌이나 전문가의 조언을 통해 추출하고 추출된 요인은 회의를 거쳐 타당성을 고려하여 문항을 선정하였다. 성별은 남자와 여자로 구분하여 남자를 기준으로 가변인(dummy variable)화하였다. 연령은 본인의 나이를 숫자로 직접 쓰도록 개방형으로 구성하여 응답한 숫자를 그대로 입력하여 사용하였다. 배우자 유무는 배우자가 '있다', '없다'로 하여 '있다'를 기준으로 가변인화하였으며, 주관적 건강수준은 '건강하다', '보통이다', '허약하다'의 3단계로, 월평균가계소득은 100만 원 미만부터 150만 원 이상까지의 3단계로, 교육수준은 무학부터 대졸 이상까지, 사회봉사활동 유무는 '한다', '안한다'로 평가하여 '한다'를 기준으로 가변인화하여 사용하였다.

(2) 생활체육참가

① 생활체육참가 정도

생활체육참가는 노인이 주로 여가시간에 행하는 신체적 레크리에이션 및 스포츠 활동 혹은 단순한 신체활동에 참가하는 것을 의미한다. Howe(1988)는 노인의 레크리에이션 활동참가를 참가 시간의 양, 참가 유형, 참가 범주, 참가 빈도 등으로 구성하였으며, DeCarlo(1974)와 Peppers(1976) 그리고 Russell(1987)은 빈도만을 노인 사회체육활동 참가로 규정하였다. Kenyon과 Schutz(1970)에 의하면 스포츠 참가의 구성 개념의 한 형태로서 참가 빈도, 기간, 시간 등 3가지 요소로 정의되었다. 이와 관련하여 스포츠 활동 효과의 기대 수준을 참가 빈도, 기간, 시간 등 3가지 모두 구성내용으로 제시하는

것이 일반적이며, 하나의 이론으로 받아들여지고 있다. 본 연구에서는 생활
체육참가를 노인여가시설에 설치된 생활체육프로그램에 직접 참가한 경험
만으로 규정하여 참가 정도를 참가 빈도, 참가 시간, 참가 기간의 3가지 수
준에서 평가하여 사용하였다.

참가 빈도는 생활체육프로그램에 직접 참가하고 있는 정도와 관련된 변
인으로서 응답자가 현재 얼마나 자주 참가하고 있는지에 대한 평가이다.
평가단위는 '일주일에 1회', '일주일에 2-3회', '일주일에 4-5회', '매일' 4
단위로 평가되었다. 참가 시간은 응답자가 1회 참가했을 경우 소요하는
시간을 의미하며, '30분 이하', '30분-1시간', '1시간-2시간', '2시간 이상'
4단위로 평가하였다. 그리고 참가 기간은 생활체육프로그램에 참가한 시
기의 경과 정도와 관련된 변인으로서 응답자가 생활체육활동에 참가한 기
간이 몇 개월 정도가 경과되었는지에 대한 질문으로 '6개월 미만', '6개월
-1년', '1년-2년', '2년-3년', '3년 이상'의 5단위로 하였다.

② 스포츠 참가 동기

스포츠 참여 동기의 측정은 Iso-Ahola와 Allen(1982)이 개발한 스포츠
참여 동기에 관한 질문지를 이철화(1995)에 의해서 우리나라 실정에 맞게
재구성된 질문지를 사용하였다. 스포츠 참여 동기의 하위요인은 건강지향
형, 자기개발형, 사교지향형, 가정지향형, 취미·오락지향형 등의 5가지 하
위차원으로 구분하고 있다. 이 측정도구는 모두 20문항으로 구성되었으며,
리커트형 5점 척도로 하였다.

(3) 여가만족

여가만족의 측정은 Beard와 Ragheb(1980)가 개발한 여가만족척도

(Leisure Satisfaction Scale: LSS)를 한국어로 번안하여 이종길(1992)이 사용한 바 있는 설문문항을 사용하였다. 본 연구에서 사용된 척도는 심리적, 교육적, 사회적, 생리적, 환경적, 휴식적 등 총 6개의 하위차원으로 구성되었으며, 총 24개 문항으로 리커트형 5점 평점척도로 하였다.

(4) 심리적 복지

심리적 복지(psychological well-being)란 전반적인 삶에 대한 주관적인 평가이며 삶의 과정에 있어 성공적인 적응을 측정하는 개념이다. 심리적 복지에 관한 연구들은 크게 두 가지 경향이 있다. 그 하나는 우울, 분노, 적대감, 공포, 술과 약물남용, 심리적 장애 등과 같은 심리적 역기능을 연구하는 것이고, 두 번째 경향은 긍정적인 정신건강의 측면을 강조하는 경향이다 (Marks, 1996). 심리적 복지에 대한 접근에 있어서도 긍정적 측면과 부정적 측면을 일직선상에서 파악하는 일차원적 접근과 독립적인 영역으로 파악하는 이차원적 접근으로 나누어 볼 수 있다. 심리적 복지의 개념을 행복감이나 만족 등의 긍정적 측면과 슬픔, 우울 등의 심리적 역기능을 연속된 단일차원에 놓고 양극적인 개념으로 정의하는 것에 대한 의문을 갖기 시작하였다 (Stallings & Dunham, 1997). 따라서 양극적 개념을 통합할 수 있는 새로운 개념으로의 접근이 시도되었는데 그 대표적인 연구자가 Bradburn이다. Bradburn(1969)은 복지를 긍정적인 복지(positive well-being)와 부정적인 복지(negative well-being)로 분류하였다. 본 연구에서는 긍정적 복지차원을 생활만족으로, 부정적 복지차원을 고독감으로 정의하였다.

① 생활만족

생활만족은 사기(Lawton, 1973), 공인된 행복(Kozma & Stones, 1980),

실제 생활에서 경험하는 긍정적·부정적 감정에 대한 주관적 평가(Maddox, 1987), 생활에 대한 정의적 반응(Okun, et al., 1987) 등 학자에 따라 다양하게 정의하고 있다. 이와 더불어 생활만족은 적응, 심리적 복지, 성공적인 노화, 사기 등으로 개념화되기도 한다. 본 연구에서는 심리적 복지의 차원으로서 최성재(1986)의 노인 생활만족 개념 정의에 기초하여 노인 생활만족을 '과거 생활만족에 대한 평가', '현재 생활만족에 대한 인지' 그리고 '미래의 생활만족에 대한 기대'의 세 가지 차원으로 구성하였으며, 총 20개의 문항을 5점 리커드 척도로 하였다.

② 고독감

고독감은 Russell과 Peplau 그리고 Cutrona(1980)가 수정, 보완한 UCLA 고독감 척도를 원형중(1994)이 우리나라 실정에 맞게 수정하여 사용한 바 있는 척도를 사용하였다. 이 측정도구는 역할 상실에 대한 정서적 상실감, 소외감에 대한 인지도, 사회적 관계의 단절에 대한 인지도, 좌절에 대한 정서적 경험 등 4개의 하위차원으로 구성되었으며, 총 10개의 문항이며, 리커트형 5점 척도로 하였다.

2) 설문지의 타당도와 신뢰도

(1) 타당도

본 연구에서는 노인여가복지시설의 생활체육프로그램 참가가 심리적 복지에 미치는 영향을 규명하기 위하여 먼저 개인적 특성, 참가 동기, 여가 만족, 심리적 복지의 생활만족과 고독감 관련 설문내용을 구성하여 〈노인 생활체육참가와 심리적 복지 설문지〉를 구성하였다. 설문지는 전문가 회의 및 예비검사(pilot test)를 통하여 실시하였다.

먼저 전문가 회의는 예비검사에 앞서 본 연구의 주제와 관련이 깊은 스포츠 심리학, 스포츠 사회학 분야의 박사 및 박사 과정 대학원생들로 구성된 전문가 집단을 구성하여 사전에 개발한 설문지에 대한 검토 및 논쟁을 요청한 후 내용 적합성을 검토하였다. 이에 따라 전문가 회의에서는 본 연구자가 논리적으로 부적합한 내용을 지적하도록 요청하였고 지적된 사항들은 즉시 수정하여 반영하였다. 이후 예비조사를 노인 50명을 대상으로 실시하였다. 조사대상자에게 설문지 응답 시 의미가 통하지 않거나 이해하기에 어려움이 있는 단어나 문장 혹은 내용을 지적하도록 요구하였으며, 지적된 사항을 설문지에 반영, 수정하였다.

한편 측정도구에 대한 내적 타당도 검증을 위해 요인분석(factor analytic)을 통하여 검증하였다. 요인분석은 변수들 간의 상관관계를 이용하여 서로 유사한 변수들끼리 묶어주는 방법이다(강상조, 1996). 기법은 탐색적 요인분석기법(exoloratory factor analytic technique)을 이용하여, 유효 표본 308명에게 생활체육참가 동기, 여가만족, 심리적 복지의 생활만족과 고독감에 대한 문항을 varimax 방법으로 실시하였다. 각 측정도구에 대한 구체적인 요인분석의 결과는 다음과 같다.

① 생활체육참가 동기

〈표 8〉은 생활체육참가 동기에 대한 요인분석 결과이다. 이 표에 제시된 바와 같이, 생활체육참가 동기의 설문 20개 문항을 요인 분석했을 때 이 문항들은 5가지 요인으로 범주화되었다. 이를 구체적으로 살펴보면 요인 1에 높은 인지부하량(.567 - .809)을 보이고 있는 7, 6, 18, 12의 4개 문항으로 사교지향요인과 관련된 항목이다. 또한 이를 설명하는 값들은 고윳값은 6.41, 설명비가 40.05%로 나타났다.

표 8. 생활체육참가 동기의 요인분석 결과

문항	제1요인 (사교지향)	제2요인 (가정지향)	제3요인 (취미·오락형)	제4요인 (건강지향)	재5요인 (자기개발)
문7	.809				
문6	.796				
문18	.726				
문12	.567				
문11		.811			
문8		.622			
문15		.577			
문3		.495			
문14			.779		
문19			.733		
문9			.563		
문20			.414		
문2				.857	
문13				.610	
문4				.577	
문1				.473	
문5					.913
문17					.884
문16					.474
고웃값	6.41	1.40	1.23	.98	.82
분산의 백분율	40.05	8.73	7.67	6.10	5.12
누적백분율	40.05	48.78	56.46	62.56	67.68

요인 2에 높은 인자부하량(.495-.811)을 보이고 있는 11, 8, 15, 3의 4개 문항은 가정지향요인과 관련된 항목이다. 또한 이를 설명하는 값들은 고웃값이 1.40, 설명비가 8.73%로 나타났다. 요인 3에 높은 인자부하량 (.414-.779)을 보이고 있는 14, 19, 9, 20의 4개 문항은 취미·오락형 요

인과 관련된 항목이다. 또한 이를 설명하는 값들은 고윳값이 1.23, 설명비가 7.67%로 나타났다.

요인 4에 높은 인자부하량(.473 - .857)을 보이고 있는 13, 4, 1, 5의 4개 문항은 건강지향요인과 관련된 항목이다. 또한 이를 설명하는 값들은 고윳값이 .98, 설명비가 6.10%로 나타났다. 요인 5에 높은 인자부하량(.474 - .913)을 보이고 있는 5, 17, 16의 3개 문항은 자기개발요인과 관련된 항목이다. 또한 이를 설명하는 값들은 고윳값이 .82, 설명비가 5.12%로 나타났다. 전체 문항 중에서 어느 요인에도 로딩을 보이지 않는 10번 문항을 제외하고 총 19문항이 범주에 포함되었다. 한편 생활체육참가 동기의 5가지 하위요인을 설명하는 전체 누적비율은 67.68%로 나타나 사회과학에서 요구되는 수준을 충족시켜 생활체육참가 동기를 측정하는 설문지로서 타당하다고 판단되었다.

② 여가만족

〈표 9〉는 여가만족의 요인분석 결과이다. 이 표에 제시된 바와 같이, 여가만족 설문 24개 문항을 요인 분석했을 때 이 문항들은 6가지 요인으로 범주화되었다. 이를 구체적으로 살펴보면 요인 1에 높은 인자부하량(.579 - .772)을 보이고 있는 15, 8, 2, 18의 4개 문항은 교육적 만족요인과 관련된 항목이다. 또한 이를 설명하는 값들은 고윳값이 3.38, 설명비가 16.89%로 나타났다. 요인 2에 높은 인자부하량(.533 - .714)을 보이고 있는 3, 20, 21, 9의 4개 문항은 사회적 만족요인과 관련된 항목이다. 또한 이를 설명하는 값들은 고윳값이 2.25, 설명비가 13.79%로 나타났다. 요인 3에 높은 인자부하량(.558 - .711)을 보이고 있는 22, 23, 4, 10의 4개 문항은 휴식적 만족요인과 관련된 항목이다. 또한 이를 설명하는 값들은 고윳값이 2.06, 설명비가 11.25%로 나타났다. 요인 4에 높은 인자부하량(.669 - .775)을 보이고 있는 16, 5, 11의 3개 문항은 생리적 만족요인과 관련된 항목이다. 또한 이를 설명하는 값들은 고윳값이 1.31, 설명비가 10.29%로 나타났다.

표 9. 여가만족의 요인분석 결과

문항	요인 1 (교육적 만족)	요인 2 (사회적 만족)	요인 3 (휴식적 만족)	요인 4 (생리적 만족)	요인 5 (환경적 만족)	요인 6 (심리적 만족)
문15	.772					
문8	.682					
문2	.642					
문18	.579					
문3		.714				
문20		.632				
문21		.571				
문9		.533				
문22			.711			
문23			.699			
문4			.670			
문10			.558			
문16				.775		
문5				.695		
문11				.669		
문6					.716	
문17					.711	
문12					.684	
문24					.547	
문7						.784
문13						.636
문19						.574
고윳값	3.38	2.25	2.06	1.31	1.17	.96
분산의 백분율	16.89	13.79	11.25	10.29	6.54	5.86
누적백 분율	16.89	30.68	41.93	52.22	58.76	64.62

요인 5에 높은 인자부하량(.547 - .716)을 보이고 있는 6, 17, 12, 24의 4개 문항은 환경적 만족요인과 관련된 항목이다. 또한 이를 설명하는 값들은 고윳값이 1.17, 설명비가 6.54%로 나타났다. 요인 6에 높은 인자부하량

(.574 - .784)을 보이고 있는 7, 13, 19의 3개 문항은 심리적 만족요인과 관련된 항목이다. 또한 이를 설명하는 값들은 고윳값이 .96, 설명비가 5.86%로 나타났다.

전체 문항 중에서 어느 요인에도 로딩을 보이지 않는 1, 14번 문항을 제외하고 총 22문항이 범주에 포함되었다. 한편 여가만족의 6가지 하위요인을 설명하는 전체 누적비율은 64.62%로 나타나 사회과학에서 요구되는 수준을 충족시켜 여가만족을 측정하는 설문지로서 타당하다고 판단되었다.

③ 심리적 복지

가. 생활만족

〈표 10〉은 생활만족의 요인분석 결과이다. 이 표에 제시된 바와 같이, 여가만족 설문 20개 문항을 요인 분석했을 때 이 문항들은 3가지 요인으로 범주화되었다. 이를 구체적으로 살펴보면 요인 1에 높은 인자부하량(.599 - .727)을 보이고 있는 15, 16, 20, 19, 17, 18의 6개 문항은 미래 생활만족 기대요인과 관련된 항목이다. 또한 이를 설명하는 값들은 고윳값이 7.12, 설명비가 35.62%로 나타났다.

요인 2에 높은 인자부하량(.484 - .769)을 보이고 있는 10, 9, 7, 13, 14, 8의 6개 문항은 현재 생활만족 인지요인과 관련된 항목이다. 또한 이를 설명하는 값들은 고윳값이 1.63, 설명비가 8.15%로 나타났다. 요인 3에 높은 인자부하량(.559 - .715)을 보이고 있는 5, 1, 2, 6의 4개 문항은 과거 생활만족에 대한 평가 요인과 관련된 항목이다. 또한 이를 설명하는 값들은 고윳값이 1.28, 설명비가 6.42%로 나타났다. 전체 문항 중에서 어느 요인에도 로딩을 보이지 않는 3, 4, 11, 12번 문항을 제외하고 총 16문항이 범주에 포함되었다. 한편 생활만족의 3가지 하위요인을 설명하는 전체 누적비율은 50.19%로 나타나 비교적 생활만족을 측정하는 설문지로서 타당하다고 판단되었다.

표 10. 생활만족의 요인분석 결과

문항	요인 1 (미래 생활만족기대)	요인 2 (현재 생활만족인지)	요인 3 (과거 생활만족평가)
문15	.727		
문16	.724		
문20	.709		
문19	.604		
문17	.599		
문18	.497		
문10		.769	
문9		.753	
문13		.743	
문7		.538	
문14		.522	
문8		.484	
문5			.715
문1			.650
문2			.626
문6			.559
고윳값	7.12	1.63	1.28
분산의 백분율	35.62	8.15	6.42
누적백분율	35.62	43.77	50.19

나. 고독감

〈표 11〉은 고독감의 요인분석 결과이다. 이 표에 제시된 바와 같이, 여가만족 설문 10개 문항을 요인 분석했을 때 이 문항들은 4가지 요인으로 범주화되었다. 이를 구체적으로 살펴보면 요인 1에 높은 인자부하량(.664 -.760)을 보이고 있는 3, 7, 2의 3개 문항은 소외감과 관련된 항목이다. 또한 이를 설명하는 값들은 고윳값이 3.44, 설명비가 24.55%로 나타났다. 요인 2에 높은 인자부하량(.665 -.818)을 보이고 있는 5, 1의 2개 문항은

좌절에 대한 정서적 경험 요인과 관련된 항목이다. 또한 이를 설명하는 값들은 고윳값이 2.17, 설명비가 15.51%로 나타났다. 요인 3에 높은 인자부하량(.717-.736)을 보이고 있는 19, 10의 2개 문항은 사회적 관계단절 요인과 관련된 항목이다. 또한 이를 설명하는 값들은 고윳값이 2.11, 설명비가 15.10%로 나타났다. 요인 4에 높은 인자부하량(.474-.860)을 보이고 있는 6, 4의 2개 문항은 사회적 역할 상실감 요인과 관련된 항목이다. 또한 이를 설명하는 값들은 고윳값이 1.34, 설명비가 9.58%로 나타났다. 전체 문항 중에서 어느 요인에도 로딩을 보이지 않는 8번 문항을 제외하고 총 9문항을 범주에 포함되었다. 한편 고독감의 4가지 하위요인을 설명하는 전체 누적비율은 64.73%로 나타나 사회과학에서 요구되는 수준을 충족시켜 고독감을 측정하는 설문지로서 타당하다고 판단되었다.

표 11. 고독감의 요인분석 결과

문항	요인 1 (소외감)	요인 2 (좌절에 대한 정서적 경험)	요인 3 (사회적 관계단절)	요인 4 (사회적 역할 상실감)
문3	.760			
문7	.681			
문2	.664			
문5		.818		
문1		.665		
문9			.736	
문10			.717.	
문6				.860
문4				.474
고윳값	3.44	2.17	2.11	1.34
분산의 백분율	24.55	15.51	15.10	9.58
누적백분율	24.55	40.06	55.15	64.73

96

(2) 신뢰도

사회과학 분야에서 사용되는 변수들의 속성을 측정하는 데 있어서 측정
도구의 개발이 어렵기 때문에 측정상의 오차가 발생한다. 특히 조사대상자
의 임의적 경향을 측정하는 설문지 조사는 비체계적이고 임의적인 오차를
유발할 여지가 많다는 점에서 설문지 문항의 신뢰도를 검사하는 것은 무엇
보다 중요하다.

신뢰도(reliability)란 안정성(stability), 일관성(consistency), 정확성(accuracy),
예측성(predictability) 등과 관련이 있는 개념으로 동일한 개념(속성)을 독립
된 측정방법에 의해 측정하는 경우 결과가 비슷하게 나타나야 한다는 것을
의미한다. 본 연구에서 사용한 설문지의 신뢰도는 Cronbach's α 방법을 사용
하여 검증하였다.

표 12. 측정도구의 신뢰도 계수

변인		Cronbach's α 값
참가 동기	건강지향형	.824
	자기개발형	.774
	사교지향형	.777
	가정지향형	.773
	취미·오락지향형	.809
여가만족	심리적 만족	.738
	환경적 만족	.694
	생리적 만족	.738
	교육적 만족	.667
	사회적 만족	.711
	휴식적 만족	.712
생활만족	과거 생활만족평가	.614
	현재 생활만족인지	.746
	미래 생활만족기대	.853
고독감	소외감에 대한 인지	.741
	사회적 관계의 단절 인지	.641
	사회적 역할 상실감	.639
	좌절에 대한 정서적 경험	.703

Cronbach's α의 검사는 검사문항 간의 동질성 정도에 의한 신뢰도 추정치인 문항내적 합치도를 구하는 신뢰도 검사방법 중의 하나이다(강상조, 1996). 본 연구에서 사용한 설문지의 신뢰도 계수인 Cronbach's α 값은 〈표 12〉와 같다.

〈표 12〉에 제시된 바와 같이 생활체육참가 동기의 신뢰도 계수는 하위요인별로 건강지향형 Chronbach's α=.824, 자기개발형 Chronbach's α=.774, 사교지향형 Chronbach's α=.777, 가정지향형 Chronbach's α=.773 그리고 취미·오락지향형이 Chronbach's α=.809로 전체 Chronbach's α=.773 -.824로 나타났다.

여가만족의 신뢰도 계수는 하위요인별로 심리적 만족 Chronbach's α =.738, 환경적 만족 Chronbach's α=.694, 생리적 만족 Chronbach's α=.738, 교육적 만족 Chronbach's α=.667, 사회적 만족이 Chronbach's α=.711 그리고 휴식적 만족이 Chronbach's α=.712로 전체 Chronbach's α=.667 -.738로 나타났다.

심리적 복지의 생활만족 척도에 대한 신뢰도 계수는 과거 생활만족평가 Chronbach's α=.614, 현재 생활만족인지 Chronbach's α=.746 그리고 미래 생활만족기대는 Chronbach's α=.853으로 전체 Chronbach's α=.614 -.853으로 나타났다. 고독감 척도는 소외감에 대한 인지 Chronbach's α =.741, 사회적 관계의 단절에 대한 인지 Chronbach's α=.641, 사회적 역할 상실감 Chronbach's α=.639 그리고 좌절에 대한 정서적 경험은 Chronbach's α=.703으로 나타나 전체 Chronbach's α=.639 -.741로 나타났다. 이러한 척도의 신뢰도 수준은 사회과학에서 Chronbach's α 계수가 .60 이상일 때 우수한 측정도구로 인정되는 것이 일반적이다. 따라서 이들 측정도구는 노인의 생활체육참가와 심리적 복지 간에 인과관계를 규명하기 위하여 신뢰할 만하다고 판단된다.

3. 자료수집 방법

노인여가복지시설의 생활체육프로그램 참가가 심리적 복지에 미치는 영향을 규명하기 위하여 조사대상지를 방문하여 〈노인 생활체육참가와 심리적 복지 설문지〉 직접 대면하여 설문을 실시하였다. 본 연구의 조사대상이 노년층이기 때문에 설문내용에 대한 이해 부족과 응답에 대한 기술적 지식이 부족할 것으로 예상되어 직접 대면 조사요원을 선정하여 면접조사에 대한 교육을 실시하였다. K대학 체육교육학과 고학년 중 본 연구에 관심이 있는 자원자를 대상으로 하여 직접 설문조사의 기술적 방법과 주의사항에 대한 교육을 실시하였다. 조사대상으로 선정된 집단의 관리 책임자나 노인대표에게 사전에 유선연락이나 직접 방문하여 본 연구조사의 취지와 목적을 충분히 설명드리고 이에 협조해 줄 것을 내락받은 다음 조사를 실시하였다. 조사요원이 직접 설문지를 나눠주고 노인의 문장 이해력을 고려하여 조사요원이 설문문항을 읽어주면서 내용을 이해시키고 조사대상자의 반응을 파악한 후 설문지에 기입하도록 하였으며, 예외적으로 조사대상자의 반응이 불명확하거나 응답 선택 조건에 부합되지 못할 경우에는 설문문항과 관련된 대화를 통하여 반응을 파악한 후 설문작성을 완성하도록 하였다.

4. 자료처리 및 분석방법

본 연구에서는 응답내용이 부실하거나 신뢰성이 떨어진다고 판단되는 자료는 분석대상에서 제외하였다. 설문지의 응답 결과를 기입한 자료를 회수한 후 거짓문항을 이용해 신뢰성이 떨어진다고 판단되는 자료와 이중기입, 무기입 자료 등은 분석에서 제외시키고, 유효 표본만을 코딩의 지침에 따라 부호화(coding)하여 컴퓨터에 개별 입력시켰다.

코딩과 입력을 마치고 기입오류의 검색이 끝난 자료는 Windows용 SPSS/PC+12.0 Version을 이용하여 전산 처리하였다. 본 연구에서 자료 분석을 위해 사용한 구체적인 통계방법의 기법은 다음과 같다.

첫째, 설문지의 타당도와 신뢰도를 검사하기 위해 요인분석(factor analysis)과 신뢰도(reliability analysis) 검증을 실시하였다.

둘째, 평균 및 표준편차를 산출하기 위하여 기술통계분석과 이들의 집단 간 차이를 검증하기 위하여 일원 변량분석(One-way analysis of variance)을 실시하였다. 그리고 집단 간 차이가 유의한 경우 Scheffe 방식의 사후검증(Post-hoc test)을 실시하였다.

셋째, 독립변인과 종속변인 간의 영향력 정도를 알아보기 위하여 표준 중다회귀분석(standard multiple regression analysis)을 실시하였다.

넷째, 각 변인들 간의 인과효과를 알아보기 위하여 AMOS 5.0을 이용한 공변량구조분석(Corvariance Structure Analysis)으로 실시하였다.

IV. 결 과

노인여가복지시설의 생활체육프로그램 참가가 심리적 복지에 미치는 영향을 규명하기 위하여 첫째, 인구통계학적 특성에 따른 여가만족 및 심리적 복지의 차이, 둘째, 노인여가복지시설의 생활체육프로그램 참가와 여가만족의 관계 셋째, 노인여가복지시설의 생활체육프로그램 참가와 심리적 복지의 관계 넷째, 노인의 여가만족과 심리적 복지의 관계 등의 연구문제를 설정하였다. 이 장에서는 이들 연구문제에 근거하여 설정된 가설을 중심으로 한 분석결과를 제시하였다.

1. 인구통계학적 특성변인에 따른 여가만족 및 심리적 복지의 차이

노인의 인구통계학적 특성변인으로서 이 연구의 배경변인으로 선정된 성, 연령, 교육수준, 월평균가계소득, 배우자 유무, 주관적 건강수준, 사회봉사활동 유무 등에 따른 여가만족 및 심리적 복지의 차이를 알아보기 위하여 평균, 표준편차검증과 일원 변량분석 및 사후검증을 실시하였다.

1) 인구통계학적 특성변인에 따른 여가만족의 차이

〈표 13〉과 〈표 14〉는 인구통계학적 특성변인에 따른 여가만족의 차이를 분석한 결과이다. 분석결과를 살펴보면 부분적으로 5% 수준에서 통계적으

로 유의한 차이가 있는 것으로 나타났다. 유의하게 나타난 결과를 중심으로 살펴보면, 연령에 따라서 환경적 여가만족과 월평균가계수입에 따라서 환경적 만족을 높게 인지하고 있으며 배우자 유무에 따라서 환경적 만족과 생리적 만족이 집단 간에 5% 수준에서 통계적으로 차이가 있는 것으로 나타났다. 연령은 75−79세 집단(M=4.14)이 65−69세 집단(M=3.67)보다 환경만족을 높게 인지하고 있으며, 배우자 유무에 따라서는 배우자가 없는 집단이 배우자가 있는 집단보다 환경적 만족(무집단 M=4.04; 유집단 M=3.81)과 생리적 만족(무집단 M=4.43; 유집단 M=4.09)이 높게 나타났다.

표 13. 인구통계학적 특성변인에 따른 여가만족의 차이에 대한 평균 및 표준편차

배경원인	분류	심리적 만족 M SD N	환경적 만족 M SD N	생리적 만족 M SD N
성	남	4.13 1.28 164	3.81 .85 164	4.10 .67 164
	여	1.16 .61 144	3.84 1.00 144	4.32 1.31 144
	F 값	.065	.060	3.645
연령	60−64세	4.05 .45 29	3.72 .83 29	4.21 .63 29
	65−69세	4.05 .74 77	3.67 1.90 77	4.25 1.75 77
	70−74세	4.33 1.45 112	3.79 .94 112	4.25 .56 112
	75−79세	4.10 .57 66	4.14 .72 66	4.13 .70 66
	80세 이상	3.88 .77 24	3.73 .81 24	4.06 .69 24
	F 값	1.594	2.797*	.303
	사후분석	n·s	75−79세〉65−69세	n·s
교육수준	무학	4.31 .62 25	4.22 .71 25	4.45 .58 25
	국졸	4.05 .68 130	3.82 .97 130	4.12 .76 130
	중졸	4.02 .48 55	3.81 .86 55	4.33 1.91 55
	고졸	4.39 1.77 73	3.81 .86 73	4.18 .65 73
	대졸 이상	4.30 .57 25	3.54 1.07 25	4.20 .62 25
	F 값	1.726	1.778	.781
	사후분석	n·s	n·s	n·s

배경원인	분류	심리적 만족 M SD N	환경적 만족 M SD N	생리적 만족 M SD N
월평균 가계수입	100만 원 미만	4.06 .56 138	3.97 .81 138	4.31 1.29 138
	101-150만 원	4.26 1.48 121	3.72 .99 121	4.07 .79 121
	150만 원 이상	4.12 .58 49	3.67 1.00 49	4.24 .56 49
	F 값	1.203	3.154*	1.807
	사후분석	n·s	n·s	n·s
배우자	유	4.09 1.20 200	3.81 .94 200	4.09 .71 200
	무	4.25 .55 108	4.04 .85 108	4.43 1.41 108
	F 값	1.611	9.627**	8.088**
주관적 건강수준	허약	4.07 .56 70	3.97 .82 70	4.16 .69 70
	보통	4.03 .66 127	3.76 .97 127	4.09 .73 127
	건강	4.32 1.48 111	3.80 .92 111	4.37 1.41 111
	F 값	2.686	1.216	2.335
	사후분석	n·s	n·s	n·s
사회봉사 활동	안한다	4.15 1.19 205	3.85 .90 205	4.13 .72 205
	한다	4.13 .56 103	3.76 .97 103	4.35 1.44 103
	F 값	.026	.676	3.214

* p<.05, ** p<.01, *** p<.001   n·s: not significan

표 14. 표 13에서 계속

배경원인	분류	교육적 만족 M SD N	사회적 만족 M SD N	휴식적 M SD N
성	남	3.69 .87 164	4.04 .60 164	3.95 .64 164
	여	3.84 .81 144	4.09 .60 144	4.05 .63 144
	F 값	2.519	.529	1.756
연령	60-64세	3.70 .76 29	4.02 .53 29	3.94 .46 29
	65-69세	3.74 .87 77	3.95 .68 77	3.93 .77 77
	70-74세	3.88 .79 112	4.10 .60 112	4.07 .60 112
	75-79세	3.75 .87 66	4.17 .51 66	4.06 .56 66
	80세 이상	3.40 .98 24	3.96 .67 24	3.80 .67 24
	F 값	1.758	1.454	1.336
	사후분석	n·s	n·s	n·s

배경원인	분류	교육적 만족 M SD N	사회적 만족 M SD N	휴식적 M SD N
교육수준	무학	4.00 .85 25	4.20 .58 25	4.24 .53 25
	국졸	3.67 .92 130	4.02 .60 130	3.94 .63 130
	중졸	3.84 .69 55	4.05 .56 55	4.01 .58 55
	고졸	3.81 .81 73	4.12 .64 73	4.06 .72 73
	대졸 이상	3.69 .89 25	4.00 .65 25	3.89 .61 25
	F 값	1.111	.709	1.539
	사후분석	n·s	n·s	n·s
월평균 가계수입	100만 원 미만	3.79 .83 138	4.08 .56 138	4.04 .56 138
	101−150만 원	3.75 .85 121	4.07 .61 121	3.97 .72 121
	150만 원 이상	3.71 .91 49	3.97 .71 49	3.94 .61 49
	F 값	.206	.670	.633
	사후분석	n·s	n·s	n·s
배우자	유	3.70 .82 200	4.01 .60 200	3.92 .64 200
	무	3.88 .89 108	4.16 .60 108	4.15 .60 108
	F 값	3.481(.063)	4.793(.029)	9.911(.002)
주관적 건강수준	허약	3.65 .97 70	4.10 .52 70	3.99 .54 70
	보통	3.75 .85 127	3.99 .64 127	3.93 .66 127
	건강	3.84 .76 111	4.12 .61 111	4.09 .66 111
	F 값	1.114	1.404	2.015
	사후분석	n·s	n·s	n·s
사회봉사 활동	안한다	3.73 .87 205	4.03 .62 205	3.98 .66 205
	한다	3.83 .80 103	4.11 .58 103	4.04 .59 103
	F 값	.924	1.128	.549

n.s: not significant

　그러나 월평균가계수입에 따른 환경적 만족은 집단 간의 차이는 유의하지 않게 나타났지만 월평균가계수입이 낮을수록 오히려 환경적 만족수준이 높은 것으로 나타났다.

2) 인구통계학적 특성변인에 따른 심리적 복지의 차이

(1) 인구통계학적 특성변인에 따른 심리적 복지의 생활만족 차이

〈표 15〉는 인구통계학적 특성변인에 따른 심리적 복지의 구성변인인 생활만족의 차이를 분석한 결과이다. 분석결과를 살펴보면 부분적으로 5% 수준에서 통계적으로 유의한 차이가 있는 것으로 나타났다.

유의하게 나타난 결과를 중심으로 살펴보면, 성별에 따라서는 과거 생활만족에 대한 평가에서, 교육수준에 따라서는 과거 생활만족에 대한 평가와 미래 생활만족에 대한 기대에서 그리고 사회봉사활동 유무에 따라서는 과거 생활만족에 대한 평가와 미래 생활만족에 대한 기대에서 5% 수준으로 통계적으로 차이가 있는 것으로 나타났다.

이를 구체적으로 살펴보면 성별에 따라 과거 생활만족에 대한 평가는 여자(M=3.60)가 남자(M=3.42)보다 높게 인지하고 있는 것으로 나타났다. 교육수준에 따라서 과거 생활만족에 대한 평가에서는 국졸(M=3.68)이 중졸(M=3.25) 및 고졸(M=3.30)보다 높게 나타났으나 미래 생활만족에 대한 기대에서는 사후검증에 유의하게 나타나지 않았다. 사회봉사활동 유무에 따라서는 과거 생활만족에 대한 평가에서 사회봉사활동 참가집단(M=3.65)이 참가하지 않는 집단(M=3.43)보다 높게, 미래 생활만족에 대한 기대에서는 봉사활동 참가집단(M=3.60)이 참가하지 않는 집단(M=3.32)보다 높게 나타났다.

표 15. 인구통계학적 특성변인에 따른 생활만족의 차이에 대한 평균 및 표준편차

배경원인	분류	과거 생활만족평가 M SD N	현재 생활만족인지 M SD N	미래 생활만족기대 M SD N
성별	남	3.42 .79 164	3.58 .67 164	3.39 .86 164
	여	3.60 .80 144	3.89 1.93 144	3.44 .87 144
	F 값	4.006*	3.539	.263
연령	60－64세	3.68 .86 29	3.64 .59 29	3.45 .83 29
	65－69세	3.29 .83 77	3.54 .75 77	3.29 .94 77
	70－74세	3.53 .75 112	3.66 .63 112	3.38 .82 112
	75－79세	3.60 .76 66	4.12 2.75 66	3.59 .87 66
	80세 이상	3.59 .73 24	3.72 1.42 308	3.42 .86 24
	F 값	2.064	1.752	1.117
	사후분석	n·s	n·s	n·s
교육수준	무학	3.62 .89 25	3.58 .80 25	3.24 .99 25
	국졸	3.68 .80 130	3.66 .59 130	3.55 .83 130
	중졸	3.25 .74 55	4.11 2.96 55	3.44 .69 55
	고졸	3.30 .71 73	3.54 .74 73	3.18 .93 73
	대졸 이상	3.60 .74 25	3.88 .78 25	3.52 .98 25
	F 값	4.566***	1.535	2.565*
	사후분석	국졸〉중졸, 고졸	n·s	n·s
월평균가 계소득	100만 원 미만	3.58 .83 138	3.83 1.99 138	3.43 .82 138
	101－150만 원	3.56 .80 121	3.63 .64 121	3.41 .94 121
	150만 원 이상	3.43 .64 49	3.66 .69 49	3.37 .80 49
	F 값	1.122	.705	.112
	사후분석	n·s	n·s	n·s
배우자	유	3.44 .79 200	3.80 1.65 200	3.39 .87 200
	무	3.61 .79 108	3.59 .82 108	3.46 .86 108
	F 값	3.224	1.537	.436
주관적 건강수준	허약	3.46 .79 73	3.53 .81 73	3.49 .98 73
	보통	3.50 .71 127	3.65 .63 127	3.34 .82 127
	건강	3.54 .88 108	3.94 2.18 108	3.45 .84 108
	F 값	.218	2.203	.850
	사후분석	n·s	n·s	n·s
사회봉사 활동	안한다	3.43 .74 205	3.72 1.66 205	3.32 .88 205
	한다	3.65 .86 103	3.72 .72 103	3.60 .92 103
	F 값	5.587*	.995	7.065**

* p〈.05, ** p〈.01, *** p〈.001   n·s: not significant

(2) 인구통계학적 특성변인에 따른 심리적 복지의 고독감 차이

〈표 16〉은 인구통계학적 특성변인에 따른 심리적 복지의 구성변인인 고독감의 차이를 분석한 결과이다. 분석결과를 살펴보면 부분적으로 5% 수준에서 통계적으로 유의한 차이가 있는 것으로 나타났다. 유의하게 나타난 결과를 중심으로 살펴보면, 성별에 따라서는 사회적 관계의 단절에 대한 인지도, 좌절에 대한 정서적 경험 그리고 전체 고독감에서는 연령에 따라서 사회적 관계의 단절에 대한 인지도 그리고 좌절에 대한 정서적 경험에서 5% 수준에서 통계적으로 유의하게 나타났다.

교육수준에 따라서는 사회적 관계의 단절에 대한 인지도에서, 월평균가계소득에 따라서는 사회적 역할 상실감에서, 배우자 유무에 따라서는 사회적 관계의 단절에 대한 인지도와 사회적 역할 상실감에서, 주관적 건강수준에 따라서는 사회적 역할 상실감에서 5% 수준에서 통계적으로 차이가 있는 것으로 나타났다.

이를 구체적으로 살펴보면 성별에 따라 사회적 관계의 단절에 대한 인지도는 여자(M=3.91)가 남자(M=3.67)보다, 좌절에 대한 정서적 경험은 남자(M=3.59)가 여자(M=3.54)보다 높게 나타났다. 연령에 따라서는 좌절에 대한 정서적 경험이 70-74세(M=3.67)가 65-69세(M=3.30)보다 높게 나타났다.

그러나 사후검정에서는 사회적 관계의 단절에 대한 인지도가 집단 간에 유의하게 나타나지 않았다. 교육수준에 따라 사회적 관계의 단절에 대한 인지도는 국졸(M=3.89)이 고졸(M=3.57)보다 높게 나타났다. 월평균가계소득에 따라 사회적 역할 상실감은 100만 원 미만(M=3.71) 집단이 150만 원 이상(M=3.68) 집단보다 높게 나타났다.

그리고 배우자 유무에 따라 사회적 관계의 단절에 대한 인지도는 배우자가 없는 집단(M=3.91)이 배우자가 있는 집단(M=3.71)보다, 좌절에 대한 정서적 경험은 배우자가 없는 집단(M=3.68)이 배우자가 있는 집단

(M=3.50)보다 높은 것으로 나타났다. 주관적 건강수준에 따라 사회적 역할 상실감은 사후검증에서 유의하게 나타나지 않았다.

표 16. 인구통계학적 특성변인에 따른 고독감의 차이에 대한 평균 및 표준편차

배경원인	분류	소외감인지 M SD N	사회적 관계단절 M SD N	좌절에 대한 정서적 경험 M SD N	사회적 역할 상실감 M SD N
성별	남	3.40 .73 164	3.67 .60 164	3.59 .71 164	3.60 .61 164
	여	3.49 .85 144	3.91 .62 144	3.54 .71 144	3.79 .68 144
	F 값	1.154	11.916***	6.334*	.336
연령	60-64세	3.45 .63 29	3.67 .56 29	3.63 .57 29	3.69 .75 29
	65-69세	3.29 .82 77	3.67 .70 77	3.30 .72 77	3.60 .63 77
	70-74세	3.49 .79 112	3.89 .47 112	3.67 .59 112	3.76 .64 112
	75-79세	3.52 .94 66	3.76 .75 66	3.64 .87 66	3.77 .60 66
	80세 이상	3.50 .69 24	3.50 .56 24	3.60 .71 24	3.39 .63 24
	F 값	1.040	3.291*	3.544**	2.369
	사후분석	n·s	n·s	70-74>65-69세	n·s
교육수준	무학	3.48 1.75 25	3.83 .65 25	3.66 .70 25	3.51 .83 25
	국졸	3.56 .76 130	3.89 .64 130	3.60 .76 130	3.81 .60 130
	중졸	3.42 .86 55	3.77 .55 55	3.75 .56 55	3.67 .63 55
	고졸	3.23 .70 73	3.57 .60 73	3.37 .72 73	3.55 .57 73
	대졸 이상	3.48 .59 25	3.80 .59 25	3.46 .64 25	3.69 .73 .25
	F 값	2.141	3.261*	2.541*	2.619*
	사후분석	n·s	국졸>고졸	n·s	n·s
월평균가 계소득	100만 원 미만	3.55 .86 138	3.83 .62 138	3.69 .69 138	3.71 .69 138
	101-150만 원	3.34 .76 121	3.49 .73 121	3.49 .73 121	3.67 .57 121
	150만 원 이상	3.29 .60 49	3.38 .67 49	3.38 .67 49	3.68 .71 49
	F 값	2.537	.827	.156	4.645**
	사후분석	n·s	n·s	n·s	100만 원 미만> 150만 원 이상
배우자	유	3.40 .73 200	3.71 .65 200	3.50 .69 200	3.69 .59 200
	무	3.51 .88 108	3.91 .54 108	3.68 .73 108	3.69 .75 108
	F 값	1.401	7.672**	4.566*	.004

배경원인	분류	소외감인지 M SD N	사회적 관계단절 M SD N	좌절에 대한 정서적 경험 M SD N	사회적 역할 상실감 M SD N
주관적 건강수준	허약	3.50 .95 73	3.78 .72 73	3.49 .98 73	3.66 .68 73
	보통	3.39 .75 127	3.71 .57 127	3.34 .82 127	3.69 .55 127
	건강	3.46 .70 108	3.87 .60 108	3.45 .84 108	3.71 .73 108
	F 값	.457	1.987	.117	4.031*
	사후분석	n · s	n · s	n · s	n · s
사회봉사 활동	안한다	3.39 .82 205	3.76 .58 205	3.56 .68 205	3.66 .64 205
	한다	3.55 .71 103	3.83 .71 103	3.58 .78 103	3.75 .67 103
	F 값	3.134	1.013	1.523	.063

* p<.05, ** p<.01, *** p<.001   n · s: not significant

2. 노인여가복지시설의 생활체육프로그램 참가가 여가만족에 미치는 영향

노인여가복지시설의 생활체육프로그램 참가가 여가만족에 미치는 영향을 분석하기 위하여 표준중다회귀분석을 실시하였다. 이때 성, 연령, 교육수준, 월평균가계소득, 배우자, 주관적 건강수준 그리고 사회봉사활동 등 7개의 배경변인을 동시에 투입하였다. 성은 남자를 기준으로, 배우자는 유배우자를 기준으로, 사회봉사활동은 봉사활동 참가를 기준으로 가변수(dummy variable)화하여 이용하였다.

1) 노인여가복지시설 생활체육프로그램 참가 정도가 여가만족에 미치는 영향

(1) 노인여가복지시설 생활체육프로그램 참가 정도가 심리적 여가만족에 미치는 영향

표 17. 생활체육프로그램 참가 정도가 심리적 여가만족에 미치는 영향

변인	비표준화 계수	표준오차	표준화 계수	t	유의도
(상수)	3.254	.364		8.930	.000
참가 빈도	.090	.068	.083	1.326	.186
참가 시간	.172	.068	.155	2.544	.011
참가 기간	.033	.047	.044	.712	.477
성(남)	.019	.145	.009	.128	.898
연령	−.013	.061	−.014	−.211	.833
교육수준	.014	.059	.015	.230	.818
월평균가계소득	.088	.090	.062	.974	.331
배우자(유)	−.192	.139	−.090	−1.383	.168
주관적 건강수준	.058	.081	.043	.707	.480
사회봉사활동(유)	.010	.128	.005	.080	.937
R =	.252				
R^2 =	.063				

노인여가복지시설 생활체육프로그램 참가 정도가 심리적 여가만족에 미치는 영향을 규명하기 위하여 중다회귀분석을 실시한 결과는 〈표 17〉과 같다. 이 표에 의하면 생활체육프로그램 참가 정도 요인 중에서 참가 시간(β =.155)만이 5% 수준에서 정적인 영향을 미치는 것으로 나타났다. 그리고 배경변인으로 설정된 7가지 요인 모두에서는 5% 수준에서 모두 통계적으로 유의한 결과가 나타나지 않았다. 이러한 결과에 대한 전체 변인의 설명비율은 약 6.3%(R^2 =.063)를 설명하고 있다. 이러한 결과의 의미는 노인여가복지시설에 개설된 생활체육프로그램 참가에 있어서 얼마나 심도 있고 충실하게 참가하는가가 심리적 여가만족에 정적 영향을 미치는 것으로 해석할 수 있다.

(2) 노인여가복지시설 생활체육프로그램 참가 정도가 교육적 여가만족에 미치는 영향

표 18. 생활체육프로그램 참가 정도가 교육적 여가만족에 미치는 영향

변인	비표준화 계수	표준오차	표준화 계수	t	유의도
(상수)	3.074	.285		10.788	.000
참가 빈도	.065	.053	.073	1.220	.223
참가 시간	.219	.053	.238	4.125	.000
참가 기간	.141	.037	.227	3.868	.000
성(남)	.032	.113	.019	.278	.781
연령	−.068	.048	−.086	−1.418	.157
교육수준	−.027	.046	−.036	−.592	.554
월평균가계소득	−.042	.071	−.036	−.596	.552
배우자(유)	−.121	.109	−.068	−1.112	.267
주관적 건강수준	−.037	.064	−.033	−.583	.560
사회봉사활동(유)	.141	.100	.078	1.400	.162
R=	.402				
R²=	.161				

노인여가복지시설 생활체육프로그램 참가 정도가 교육적 여가만족에 미치는 영향을 규명하기 위하여 중다회귀분석을 실시한 결과는 〈표 18〉과 같다. 이 표에 의하면 생활체육프로그램 참가 정도 요인 중에서 참가 시간(β=.238)과 참가 기간(β=.227)이 0.1% 수준에서 정적인 영향을 미치는 것으로 나타났다. 그리고 배경변인으로 설정된 7가지 요인 모두에서는 5% 수준에서 통계적으로 유의한 결과가 나타나지 않았다. 이러한 결과에 대한 전체 변인의 설명비율은 약 16.1%(R^2=.161)를 설명하고 있다. 이러한 결과의 의미는 노인여가복지시설에서 개설된 생활체육프로그램 참가에 있어서 심도 있게 충실히 참가하면서도 기간이 길수록 교육적 여가만족에 정적인 영향을 미치는 것으로 해석할 수 있다.

(3) 노인여가복지시설 생활체육프로그램 참가 정도가 환경적 여가만족에 미치는 영향

표 19. 생활체육프로그램 참가 정도가 환경적 여가만족에 미치는 영향

변인	비표준화 계수	표준오차	표준화 계수	t	유의도
(상수)	3.593	.319		11.276	.000
참가 빈도	.148	.060	.153	2.494	.013
참가 시간	.162	.059	.162	2.728	.007
참가 기간	.034	.041	.050	.834	.405
성(남)	.096	.127	.052	.757	.450
연령	.038	.054	.045	.717	.474
교육수준	−.081	.051	−.100	−1.587	.114
월평균가계소득	−.048	.079	−.038	−.608	.544
배우자(유)	−.257	.121	−.133	−2.113	.035
주관적 건강수준	−.154	.071	−.127	−2.164	.031
사회봉사활동(유)	.038	.112	.019	.335	.738
R =	.336				
R² =	.113				

　　노인여가복지시설 생활체육프로그램 참가 정도가 환경적 여가만족에 미치는 영향을 규명하기 위하여 중다회귀분석을 실시한 결과는 〈표 19〉와 같다. 이 표에 의하면 생활체육프로그램 참가 정도 요인 중에서 참가 빈도(β=.153)와 참가 시간(β=.162)이 각각 5%, 1% 수준에서 정적인 영향을 미치는 것으로 나타났다. 그리고 배경변인으로 설정된 7가지 요인 중에서 배우자(유)(β=−.133)와 주관적 건강수준(β=−.133)이 각각 5% 수준에서 통계적으로 유의하게 나타났다. 이러한 결과에 대한 전체 변인의 설명비율은 약 11.3%(R^2=.113)를 설명하고 있다. 이러한 결과의 의미는 노인여가복지시설에서 개설된 생활체육프로그램 참가에 있어서 자주 참여하면서도 심도 있게 충실히 참가할수록 환경적 여가만족에 정적 영향을 미치는 것으로 해석할 수 있다.

(4) 노인여가복지시설 생활체육프로그램 참가 정도가 사회적 여가만족에 미치는 영향

노인여가복지시설 생활체육프로그램 참가 정도가 사회적 여가만족에 미치는 영향을 규명하기 위하여 중다회귀분석을 실시한 결과는 〈표 20〉과 같다.

표 20. 생활체육프로그램 참가 정도가 사회적 여가만족에 미치는 영향

변인	비표준화 계수	표준오차	표준화 계수	t	유의도
(상수)	3.396	.204		16.626	.000
참가 빈도	.089	.038	.140	2.333	.020
참가 시간	.172	.038	.262	4.513	.000
참가 기간	.053	.026	.119	2.019	.044
성(남)	.015	.081	.012	.182	.855
연령	.027	.034	.047	.776	.438
교육수준	−.003	.033	−.006	−.104	.917
월평균가계소득	−.013	.051	−.015	−.254	.800
배우자(유)	−.115	.078	−.091	−1.481	.140
주관적 건강수준	−.075	.046	−.094	−1.641	.102
사회봉사활동(유)	.161	.072	.126	2.243	.026
R = R² =	.391 .153				

이 표에 의하면 생활체육프로그램 참가 정도의 모든 수준인 참가 시간(β =.262), 참가 빈도(β=.140), 참가 기간(β=.119)순으로 각각 5%, 0.1% 수준에서 정적인 영향을 미치는 것으로 나타났다. 그리고 배경변인으로 설정된 7가지 요인 중에서는 사회봉사활동(β=−.126)만이 각 5% 수준에서 통계적으로 유의하게 나타났다. 한편 전체 변인에 대한 상대적 설명비율은 약 15.3%(R²=.153)를 설명하고 있다. 이것은 노인여가복지시설에서 개설된 생활체육프로그램 참가에 있어서 자주 참가하고, 심도 있고 충실하게 참가하면서도 기간이 길수록 사회적 여가만족에 정적 영향을 미치는 것으로 해석할 수 있다.

(5) 노인여가복지시설 생활체육프로그램 참가 정도가 생리적 여가만족에 미치는 영향

노인여가복지시설 생활체육프로그램 참가 정도가 생리적 여가만족에 미치는 영향을 규명하기 위하여 중다회귀분석을 실시한 결과는 〈표 21〉과 같다. 이 표에 의하면 생활체육프로그램 참가 정도 요인 중에서 참가 시간(β=.140)만이 5% 수준에서 정적인 영향을 미치는 것으로 나타났다.

표 21. 생활체육프로그램 참가 정도가 생리적 여가만족에 미치는 영향

변인	비표준화 계수	표준오차	표준화 계수	t	유의도
(상수)	3.971	.362		10.968	.000
참가 빈도	.063	.068	.058	.926	.355
참가 시간	.155	.067	.140	2.302	.022
참가 기간	−.031	.046	−.041	−.668	.505
성(남)	−.079	.144	−.038	−.546	.586
연령	−.043	.061	−.046	−.713	.477
교육수준	.029	.058	.032	.498	.619
월평균가계소득	−.048	.090	−.034	−.532	.595
배우자(유)	−.338	.138	−.158	−2.448	.015
주관적 건강수준	.064	.081	.047	.794	.428
사회봉사활동(유)	.245	.127	.113	1.920	.056
R = R² =	.272 .074				

그리고 배경변인으로 설정된 7가지 요인 중에서 배우자(유)(β=−.158) 요인만이 5% 수준에서 통계적으로 유의하게 부적으로 나타났다. 결과에 대한 전체 변인의 설명비율은 약 7.4%(R^2=.074)를 설명하고 있다. 이러한 결과의 의미는 노인여가복지시설에서 개설된 생활체육프로그램 참가에 있어서 심도 있고 충실하게 참가할수록 생리적 여가만족에 정적인 영향을 미치는 것으로 해석할 수 있다.

(6) 노인여가복지시설 생활체육프로그램 참가 정도가 휴식적 여가만족에 미치는 영향

표 22. 생활체육프로그램 참가 정도가 휴식적 여가만족에 미치는 영향

변인	비표준화 계수	표준오차	표준화 계수	t	유의도
(상수)	3.983	.242		16.442	.000
참가 빈도	-.018	.045	-.026	-.403	.688
참가 시간	.018	.045	.024	.396	.692
참가 기간	.049	.031	.099	1.592	.112
성(남)	-.063	.039	-.105	-1.610	.109
연령	-.035	.041	-.055	-.855	.393
교육수준	.092	.096	.068	.957	.339
월평균가계소득	-.092	.060	-.098	-1.531	.127
배우자(유)	-.030	.054	-.034	-.555	.579
주관적 건강수준	-.162	.092	-.115	-1.757	.080
사회봉사활동(유)	.058	.085	.040	.678	.499
R =	.223				
R^2 =	.150				

노인여가복지시설 생활체육프로그램 참가 정도가 휴식적 여가만족에 미치는 영향을 규명하기 위하여 중다회귀분석을 실시한 결과는 〈표 22〉와 같다. 이 표에 의하면 생활체육프로그램 참가 정도 요인 모두가 5% 수준에서 통계적으로 유의하게 나타나지 않았다. 그리고 배경변인으로 설정된 7가지 요인 모두가 5% 수준에서 통계적으로 유의하지 않게 나타났다. 이러한 결과에 대한 전체 변인의 설명비율은 약 15%(R^2=.150)를 설명하고 있다. 이러한 결과의 의미는 노인여가복지시설에서 개설된 생활체육프로그램 참가에 있어서 참가 정도는 휴식적 여가만족에 영향을 미치는 것으로 볼 수 없는 결과이다.

2) 노인여가복지시설의 생활체육프로그램 참가 동기가 여가만족에 미치는 영향

(1) 노인여가복지시설의 생활체육프로그램 참가 동기가 심리적 여가만족에 미치는 영향

노인여가복지시설 생활체육프로그램 참가 동기가 심리적 여가만족에 미치는 영향을 규명하기 위하여 중다회귀분석을 실시한 결과는 〈표 23〉과 같다. 이 표에 의하면 생활체육프로그램 참가 동기의 하위차원 중에서 자기 개발(β=.239)만이 1% 수준에서 정적인 영향을 미치는 것으로 나타났다.

표 23. 생활체육프로그램 참가 동기가 심리적 여가만족에 미치는 영향

변인	비표준화 계수	표준오차	표준화 계수	t	유의도
(상수)	1.828	.543		3.368	.001
건강지향	.061	.104	.038	.585	.559
자기개발	.306	.101	.239	3.015	.003
사교지향	−.141	.103	−.111	−1.373	.171
가정지향	.189	.116	.130	1.621	.106
취미·오락지향형	.069	.093	.051	.744	.457
성(남)	.015	.134	.007	.112	.911
연령	.034	.060	.035	.564	.573
교육수준	.055	.056	.060	.970	.333
월평균가계소득	.127	.088	.090	1.437	.152
배우자(유)	−.083	.138	−.039	−.600	.549
주관적 건강수준	.084	.077	.062	1.087	.278
사회봉사활동(유)	−.123	.127	−.056	−.966	.335
R =	.332				
R² =	.110				

그리고 배경변인으로 설정된 7가지 요인 모두가 5% 수준에서 통계적으로 유의하게 나타나지 않았다. 한편 전체 변인에 대한 상대적 설명비율은 약

118

11.0%(R²=.110)를 설명하고 있다. 이것은 노인여가복지시설에서 개설된 생활체육프로그램 참가에 있어서 동기적 요인으로 자기개발에 대한 동기가 높을수록 심리적 여가만족에 정적 영향을 미치는 것으로 해석할 수 있다.

(2) 노인여가복지시설 생활체육프로그램 참가 동기가 교육적 여가만족에 미치는 영향

노인여가복지시설 생활체육프로그램 참가 동기가 교육적 여가만족에 미치는 영향을 규명하기 위하여 중다회귀분석을 실시한 결과는 〈표 24〉와 같다.

표 24. 생활체육프로그램 참가 동기가 교육적 여가만족에 미치는 영향

변인	비표준화 계수	표준오차	표준화 계수	t	유의도
(상수)	1.359	.425		3.199	.002
건강지향	.107	.081	.082	1.312	.190
자기개발	.294	.079	.278	3.701	.000
사교지향	.010	.080	.010	.128	.899
가정지향	.195	.091	.163	2.139	.033
취미·오락지향형	-.004	.073	-.003	-.051	.959
성(남)	-.060	.105	-.035	-.572	.568
연령	.004	.047	.005	.082	.934
교육수준	.045	.044	.061	1.028	.305
월평균가계소득	.038	.069	.032	.548	.584
배우자(유)	-.018	.108	-.010	-.171	.864
주관적 건강수준	.023	.060	.021	.387	.699
사회봉사활동(유)	-.010	.099	-.006	-.103	.918
R=	.450				
R²=	.202				

이 표에 의하면 생활체육프로그램 참가 동기의 하위차원 중에서 자기개발(β=.278)과 가정지향(β=.163)순으로 각각 0.1%, 5% 수준에서 정적인 영향을 미치는 것으로 나타났다. 그리고 배경변인으로 설정된 7가지 요인

모두가 5% 수준에서 통계적으로 유의하게 나타나지 않았다. 한편 전체 변인에 대한 상대적 설명비율은 약 20.2%(R^2=.102)를 설명하고 있다. 이 것은 노인여가복지시설에서 개설된 생활체육프로그램 참가에 있어서 동기 적 요인으로 자기개발 및 가정지향에 대한 동기가 높을수록 교육적 여가 만족에 정적 영향을 미치는 것으로 해석할 수 있다.

(3) 노인여가복지시설 생활체육프로그램 참가 동기가 환경적 여가만족에 미치는 영향

노인여가복지시설 생활체육프로그램 참가 동기가 환경적 여가만족에 미 치는 영향을 규명하기 위하여 중다회귀분석을 실시한 결과는 〈표 25〉와 같다. 이 표에 의하면 생활체육프로그램 참가 동기의 하위차원 중에서 사 교지향(β=.163)과 자기개발(β=.157)순으로 각각 5% 수준에서 정적인 영향을 미치는 것으로 나타났다.

표 25. 생활체육프로그램 참가 동기가 환경적 여가만족에 미치는 영향

변인	비표준화 계수	표준오차	표준화 계수	t	유의도
(상수)	2.567	.481		5.336	.000
건강지향	.005	.092	.003	.053	.957
자기개발	.180	.090	.157	2.001	.046
사교지향	.186	.091	.163	2.035	.043
가정지향	−.084	.103	−.065	−.815	.416
취미·오락지향형	.126	.083	.103	1.526	.128
성(남)	.088	.119	.048	.736	.463
연령	.080	.053	.093	1.496	.136
교육수준	−.039	.050	−.048	−.780	.436
월평균가계소득	−.006	.078	−.005	−.073	.942
배우자(유)	−.169	.123	−.088	−1.378	.169
주관적 건강수준	−.112	.068	−.092	−1.649	.100
사회봉사활동(유)	−.064	.112	−.033	−.568	.570
R = R^2 =	.366 .134				

그리고 배경변인으로 설정된 7가지 요인 모두가 5% 수준에서 통계적으로 유의하게 나타나지 않았다. 한편 전체 변인에 대한 상대적 설명비율은 약 13.4%(R^2=.134)를 설명하고 있다. 이것은 노인여가복지시설에서 개설된 생활체육프로그램 참가에 따른 동기적 요인으로서 자기개발 및 사교지향에 대한 동기가 높을수록 환경적 여가만족에 정적 영향을 미치는 것으로 해석할 수 있다.

(4) 노인여가복지시설 생활체육프로그램 참가 동기가 사회적 여가만족에 미치는 영향

노인여가복지시설 생활체육프로그램 참가 동기가 사회적 여가만족에 미치는 영향을 규명하기 위하여 중다회귀분석을 실시한 결과는 〈표 26〉과 같다. 이 표에 의하면 생활체육프로그램 참가 동기의 하위차원 중에서 자기개발(β=.177)만이 5% 수준에서 정적인 영향을 미치는 것으로 나타났다.

표 26. 생활체육프로그램 참가 동기가 사회적 여가만족에 미치는 영향

변인	비표준화 계수	표준오차	표준화 계수	t	유의도
(상수)	3.058	.325		9.414	.000
건강지향	-.007	.062	-.008	-.116	.908
자기개발	.133	.061	.177	2.193	.029
사교지향	.031	.062	.041	.498	.619
가정지향	.052	.070	.061	.752	.453
취미·오락지향형	.012	.056	.015	.215	.830
성(남)	-.017	.081	-.014	-.216	.829
연령	.055	.036	.098	1.538	.125
교육수준	.035	.034	.066	1.037	.301
월평균가계소득	.013	.053	.016	.246	.806
배우자(유)	-.080	.083	-.064	-.972	.332
주관적 건강수준	-.012	.046	-.015	-.260	.795
사회봉사활동(유)	.065	.076	.051	.853	.394
R =	.287				
R^2 =	.082				

그리고 배경변인으로 설정된 7가지 요인 모두가 5% 수준에서 통계적으로 유의하게 나타나지 않았다. 한편 전체 변인에 대한 상대적 설명비율은 약 8.2%($R^2 = .082$)를 설명하고 있다. 이것은 노인여가복지시설에서 개설된 생활체육프로그램 참가에 있어서 동기적 요인으로 자기개발에 대한 동기가 높을수록 사회적 여가만족에 정적 영향을 미치는 것으로 해석할 수 있다.

(5) 노인여가복지시설 생활체육프로그램 참가 동기가 생리적 여가만족에 미치는 영향

표 27. 생활체육프로그램 참가 동기가 생리적 여가만족에 미치는 영향

변인	비표준화 계수	표준오차	표준화 계수	t	유의도
(상수)	3.576	.555		6.441	.000
건강지향	-.042	.107	-.027	-.396	.692
자기개발	.126	.104	.098	1.211	.227
사교지향	-.053	.105	-.042	-.501	.617
가정지향	.027	.119	.018	.224	.823
취미·오락지향형	.124	.095	.091	1.301	.194
성(남)	-.068	.138	-.033	-.494	.622
연령	-.027	.061	-.029	-.444	.658
교육수준	.041	.058	.045	.708	.480
월평균가계소득	-.039	.090	-.028	-.435	.664
배우자(유)	-.280	.141	-.130	-1.977	.049
주관적 건강수준	.086	.079	.063	1.092	.276
사회봉사활동(유)	.171	.130	.079	1.316	.189
R =	.260				
R^2 =	.068				

노인여가복지시설 생활체육프로그램 참가 동기가 사회적 여가만족에 미치는 영향을 규명하기 위하여 중다회귀분석을 실시한 결과는 〈표 27〉과

122

같다. 이 표에 의하면 생활체육프로그램 참가 동기의 하위차원 모든 요인이 5% 수준에서 통계적으로 유의하게 나타나지 않았다. 그리고 배경변인으로 설정된 7가지 요인 중에서 배우자(유) 요인($\beta=-.130$)만이 5% 수준에서 통계적으로 유의하게 나타났다. 한편 전체 변인에 대한 상대적 설명비율은 약 6.8%($R^2=.068$)를 설명하고 있다. 이것은 노인여가복지시설에서 개설된 생활체육프로그램 참가에 있어서 동기적 요인들이 사회적 여가만족에 영향을 미치는 것으로 볼 수 없는 결과이다.

(6) 노인여가복지시설의 생활체육프로그램 참가 동기가 휴식적 여가만족에 미치는 영향

표 28. 생활체육프로그램 참가 동기가 휴식적 여가만족에 미치는 영향

변인	비표준화 계수	표준오차	표준화 계수	t	유의도
(상수)	3.561	.420		8.476	.000
건강지향	-4.804E-02	.081	-.041	-.596	.552
자기개발	5.898E-02	.078	.062	.752	.453
사교지향	3.569E-02	.080	.038	.448	.654
가정지향	8.057E-02	.090	.075	.894	.372
취미·오락지향형	-1.015E-02	.072	-.010	-.141	.888
성(남)	-2.530E-02	.046	-.036	-.545	.586
연령	.101	.104	.066	.973	.331
교육수준	-1.907E-02	.044	-.028	-.436	.663
월평균가계소득	4.130E-02	.068	.039	.603	.547
주관적 건강수준	2.384E-02	.060	.024	.400	.689
배우자(유)	-.164	.107	-.103	-1.535	.126
사회봉사활동(유)	3.926E-02	.098	.024	.400	.690
R =	.260				
R² =	.068				

노인여가복지시설의 생활체육프로그램 참가 동기가 휴식적 만족에 미치

는 영향을 규명하기 위하여 중다회귀분석을 실시한 결과는 〈표 28〉과 같다. 이 표에 의하면 생활체육프로그램 참가 동기의 하위차원 모든 요인이 5% 수준에서 통계적으로 유의하게 나타나지 않았다. 그리고 배경변인으로 설정된 7가지 요인 중에서 배우자(유) 요인(β= −.130)만이 5% 수준에서 통계적으로 유의하게 나타났다. 한편 전체 변인에 대한 상대적 설명 비율은 약 6.8%(R²=.068)를 설명하고 있다. 이것은 노인여가복지시설에 개설된 생활체육프로그램 참가에 있어서 동기적 요인들이 휴식적 여가만족에는 영향을 미치는 것으로 볼 수 없는 결과이다.

3. 노인여가복지시설의 생활체육프로그램 참가가 심리적 복지에 미치는 영향

1) 노인여가복지시설의 생활체육프로그램 참가 정도가 심리적 복지의 생활만족에 미치는 영향

(1) 노인여가복지시설의 생활체육프로그램 참가 정도가 생활만족의 과거생활만족에 대한 평가에 미치는 영향

노인여가복지시설의 생활체육프로그램 참가 정도가 생활만족의 과거 생활만족에 대한 평가에 미치는 영향을 규명하기 위하여 중다회귀분석을 실시한 결과는 〈표 29〉와 같다.

표 29. 생활체육프로그램 참가 정도가 생활만족의 과거 생활만족에 대한 평가에
미치는 영향

변인	비표준화 계수	표준오차	표준화 계수	t	유의도
(상수)	3.512	.289		12.152	.000
참가 빈도	−.076	.054	−.089	−1.402	.162
참가 시간	.072	.054	.082	1.336	.183
참가 기간	−.007	.037	−.011	−.183	.855
성(남)	−.083	.115	−.051	−.720	.472
연령	.044	.049	.059	.910	.364
교육수준	−.025	.047	−.035	−.534	.594
월평균가계소득	−.040	.072	−.036	−.560	.576
배우자(유)	−.077	.110	−.046	−.700	.485
주관적 건강수준	.053	.065	.050	.820	.413
사회봉사활동(유)	.185	.102	.108	1.814	.071
R =	.211				
R² =	.045				

이 표에 의하면 생활체육프로그램 참가 정도의 모든 차원은 5% 수준에서 통계적으로 유의하게 나타나지 않았다. 그리고 배경변인으로 설정된 7가지 요인 또한 모두가 5% 수준에서 통계적으로 유의하게 나타나지 않았다. 한편 전체 변인에 대한 상대적 설명비율은 약 4.5%(R^2=.045)를 설명하고 있다. 이것은 노인여가복지시설에서 개설된 생활체육프로그램 참가에 있어서 참가 정도는 생활만족의 과거 생활만족에 대한 평가에 영향을 미치지 않는 것으로 해석할 수 있다.

(2) 노인여가복지시설의 생활체육프로그램 참가 정도가 생활만족의
    현재생활만족에 대한 인지에 미치는 영향

표 30. 생활체육프로그램 참가 정도가 생활만족의 현재 생활만족에 대한 인지에
        미치는 영향

변인	비표준화 계수	표준오차	표준화 계수	t	유의도
(상수)	2.610	.497		5.257	.000
참가 빈도	.044	.093	.029	.470	.639
참가 시간	-.009	.092	-.006	-.100	.921
참가 기간	-.123	.064	-.119	-1.938	.054
성(남)	-.762	.197	-.269	-3.859	.000
연령	.238	.084	.181	2.850	.005
교육수준	.180	.080	.144	2.254	.025
월평균가계소득	-.126	.123	-.065	-1.026	.306
배우자(유)	.523	.189	.176	2.764	.006
주관적 건강수준	.270	.111	.144	2.431	.016
사회봉사활동(유)	-.105	.175	-.035	-.603	.547
R =	.299				
R² =	.089				

노인여가복지시설의 생활체육프로그램 참가 정도가 생활만족의 현재 생
활만족에 대한 인지에 미치는 영향을 규명하기 위하여 중다회귀분석을 실
시한 결과는 〈표 30〉과 같다. 이 표에 의하면 생활체육프로그램 참가 정도
의 하위차원 모든 요인이 5% 수준에서 통계적으로 유의하게 나타나지 않
았다. 그리고 배경변인으로 설정된 7가지 요인 중에서 성(남)($\beta = -.269$),
연령($\beta = -.181$), 배우자(유)($\beta = -.176$) 그리고 교육수준($\beta = -.144$) 및
주관적 건강수준($\beta = -.144$) 등이 5% 수준에서 통계적으로 부적으로 유
의하게 나타났다. 한편 전체 변인에 대한 상대적 설명비율은 약 8.9%
($R^2 = .089$)를 설명하고 있다. 이것은 노인여가복지시설에서 개설된 생활체

육프로그램 참가에 있어서 참가 정도는 생활만족의 현재 생활만족에 대한 인지에 영향을 미치는 것으로 볼 수 없는 결과이다.

(3) 노인여가복지시설의 생활체육프로그램 참가 정도가 생활만족의 미래생활만족에 대한 기대에 미치는 영향

표 31. 생활체육프로그램 참가 정도가 생활만족의 미래 생활만족에 대한 기대에 미치는 영향

변인	비표준화 계수	표준오차	표준화 계수	t	유의도
(상수)	3.205	.313		10.233	.000
참가 빈도	-.096	.059	-.104	-1.633	.103
참가 시간	.142	.058	.151	2.443	.015
참가 기간	-.004	.040	-.006	-.088	.930
성(남)	.005	.125	.003	.044	.965
연령	.063	.053	.078	1.197	.232
교육수준	.018	.050	.023	.348	.728
월평균가계소득	-.023	.078	-.019	-.301	.764
배우자(유)	-.026	.119	-.014	-.217	.828
주관적 건강수준	-.042	.070	-.037	-.603	.547
사회봉사활동(유)	.278	.110	.150	2.519	.012
R =	.215				
R² =	.046				

노인여가복지시설의 생활체육프로그램 참가 정도가 생활만족의 미래 생활만족에 대한 기대에 미치는 영향을 규명하기 위하여 중다회귀분석을 실시한 결과는 〈표 31〉과 같다. 이 표에 의하면 생활체육프로그램 참가 정도의 하위 차원 중에서 참가 시간(β=.151)만이 5% 수준에서 정적으로 통계적으로 유의하게 나타났다. 그리고 배경변인으로 설정된 7가지 요인 중에서 사회봉사활동(유)(β=.150) 요인만이 5% 수준에서 통계적으로 정적으로 유의하게

나타났다. 한편 전체 변인에 대한 상대적 설명비율은 약 4.6% (R^2 = .046)를 설명하고 있다. 이것은 노인여가복지시설에서 개설된 생활체육프로그램 참가에 있어서 시간을 많이 사용하여 심도 있게 참가할수록 생활만족의 미래 생활만족에 대한 기대에 정적인 영향을 미치는 것으로 볼 수 있는 결과이다.

2) 노인여가복지시설의 생활체육프로그램 참가 동기가 심리적 복지의 생활만족에 미치는 영향

(1) 노인여가복지시설의 생활체육프로그램 참가 동기가 생활만족의 하위차원인 과거 생활만족에 대한 평가에 미치는 영향

표 32. 생활체육프로그램 참가 동기가 생활만족의 과거 생활만족에 대한 평가에 미치는 영향

변인	비표준화 계수	표준오차	표준화 계수	t	유의도
(상수)	1.884	.415		4.544	.000
건강지향	-.004	.080	-.004	-.056	.955
자기개발	.297	.077	.296	3.841	.000
사교지향	-.078	.079	-.078	-.988	.324
가정지향	.234	.089	.206	2.629	.009
취미·오락지향형	-.059	.071	-.055	-.833	.406
성(남)	-.111	.103	-.069	-1.080	.281
연령	.077	.046	.102	1.674	.095
교육수준	-.018	.043	-.025	-.414	.679
월평균가계소득	.034	.068	.030	.497	.620
배우자(유)	.055	.106	.033	.522	.602
주관적 건강수준	.006	.059	.006	.104	.917
사회봉사활동(유)	.088	.097	.052	.908	.365
R =	.398				
R^2 =	.158				

노인여가복지시설의 생활체육프로그램 참가 동기가 생활만족의 과거 생활
만족에 대한 평가에 미치는 영향을 규명하기 위하여 중다회귀분석을 실시한
결과는 〈표 32〉와 같다. 이 표에 의하면 생활체육프로그램 참가 동기의 하위
차원 중에서 자기개발(β=.296)과 가정지향(β=.206)순으로 각각 0.1%, 1%
수준에서 정적인 영향을 미치는 것으로 나타났다. 그리고 배경변인으로 설정
된 7가지 요인 모두가 5% 수준에서 통계적으로 유의하게 나타나지 않았다.
한편 전체 변인에 대한 상대적 설명비율은 약 15.8%(R²=.158)를 설명하고
있다. 이것은 노인여가복지시설에서 개설된 생활체육프로그램 참가에 있어
서 동기적 요인으로 자기개발 및 가정지향에 대한 동기가 높을수록 생활만족
에서 과거 생활만족의 평가에 정적 영향을 미치는 것으로 해석할 수 있다.

(2) 노인여가복지시설의 생활체육프로그램 참가 동기가 생활만족의 현재
생활만족에 대한 인지에 미치는 영향

노인여가복지시설의 생활체육프로그램 참가 동기가 생활만족의 현재 생
활만족에 대한 인지에 미치는 영향을 규명하기 위하여 중다회귀분석을 실시
한 결과는 〈표 33〉과 같다. 이 표에 의하면 생활체육프로그램 참가 동기의
하위차원 중에서 자기개발(β=.225) 요인만이 1% 수준에서 정적인 영향을
미치는 것으로 나타났다. 그리고 배경변인으로 설정된 7가지 요인 모두 중
에서 성(남), 연령, 교육수준 그리고 배우자(유) 요인이 5% 수준에서 통계
적으로 유의하게 나타났다. 이러한 요인은 성(남)(β=-.240), 배우자(유)
(β=.234), 연령(β=.196), 교육수준(β=.140) 요인의 순으로 높게 나타났다.
한편 전체 변인에 대한 상대적 설명비율은 약 13.9%(R²=.139)를 설명하고
있다. 이것은 노인여가복지시설에서 개설된 생활체육프로그램 참가에 있어
서 동기적 요인으로 자기개발 동기가 높을수록 생활만족의 현재 생활만족
인지에 정적 영향을 미치는 것으로 해석할 수 있다.

표 33. 생활체육프로그램 참가 동기가 생활만족의 현재 생활만족에 대한 인지에 미치는 영향

변인	비표준화 계수	표준오차	표준화 계수	t	유의도
(상수)	.362	.738		.490	.624
건강지향	.193	.142	.088	1.362	.174
자기개발	.396	.138	.225	2.876	.004
사교지향	.114	.140	.065	.816	.415
가정지향	−.137	.158	−.068	−.863	.389
취미·오락지향형	−.050	.127	−.026	−.390	.697
성(남)	−.681	.183	−.240	−3.726	.000
연령	.259	.082	.196	3.177	.002
교육수준	.176	.077	.140	2.291	.023
월평균가계소득	−.060	.120	−.031	−.499	.618
배우자(유)	.695	.188	.234	3.699	.000
주관적 건강수준	.168	.105	.090	1.605	.110
사회봉사활동(유)	−.164	.172	−.055	−.949	.343
R =	.373				
R² =	.139				

(3) 노인여가복지시설의 생활체육프로그램 참가 동기가 미래 생활만족에 대한 기대에 미치는 영향

노인여가복지시설의 생활체육프로그램 참가 동기가 미래 생활만족에 대한 기대에 미치는 영향을 규명하기 위하여 중다회귀분석을 실시한 결과는 〈표 34〉와 같다. 이 표에 의하면 생활체육프로그램 참가 동기의 하위차원 중에서 자기개발(β=.200)과 건강지향(β=.135) 요인순으로 각각 1%, 5% 수준에서 정적인 영향을 미치는 것으로 나타났다. 그리고 배경변인으로 설정된 7가지 요인 중에서 연령(β=.132)과 사회봉사활동(유)(β=.112) 요인 등이 5% 수준에서 통계적으로 유의하게 나타났다. 한편 전체 변인에 대한 상대적 설명비율은 약 16.2%(R^2=.162)를 설명하고 있다. 이것은

노인여가복지시설에서 개설된 생활체육프로그램 참가에 있어서 동기적 요인으로 자기개발 및 건강지향에 대한 동기가 높을수록 생활만족의 미래 생활만족에 기대에 정적 영향을 미치는 것으로 해석할 수 있다.

표 34. 생활체육프로그램 참가 동기가 생활만족의 미래 생활만족에 대한 기대에 미치는 영향

변인	비표준화 계수	표준오차	표준화 계수	t	유의도
(상수)	.820	.449		1.828	.069
건강지향	.182	.086	.135	2.113	.035
자기개발	.218	.084	.200	2.602	.010
사교지향	.035	.085	.032	.412	.681
가정지향	.146	.096	.119	1.522	.129
취미·오락지향형	.007	.077	.006	.090	.928
성(남)	-.048	.111	-.028	-.436	.663
연령	.107	.050	.132	2.164	.031
교육수준	.038	.047	.049	.804	.422
월평균가계소득	.066	.073	.055	.903	.367
배우자(유)	.119	.114	.065	1.045	.297
주관적 건강수준	-.099	.064	-.085	-1.551	.122
사회봉사활동(유)	.207	.105	.112	1.978	.049
R =	.402				
R² =	.162				

3) 노인여가복지시설의 생활체육프로그램 참가 정도가 심리적 복지의 고독감에 미치는 영향

(1) 노인여가복지시설의 생활체육프로그램 참가 정도가 고독감의 하위차원인 사회적 역할 상실감에 미치는 영향

노인여가복지시설의 생활체육프로그램 참가 정도가 고독감의 사회적 역

할 상실감에 미치는 영향을 규명하기 위하여 중다회귀분석을 실시한 결과
는 〈표 35〉와 같다. 이 표에 의하면 생활체육프로그램 참가 정도의 하위
차원 중에서 참가 빈도(β= -.134) 요인만이 5% 수준에서 부적인 영향을
미치는 것으로 나타났다. 그리고 배경변인으로 설정된 7가지 요인 모두가
5% 수준에서 통계적으로 유의하게 나타나지 않았다. 한편 전체 변인에
대한 상대적 설명비율은 약 5.1%(R^2=.051)를 설명하고 있다. 이것은 노
인여가복지시설에서 개설된 생활체육프로그램 참가에 있어서 참가 빈도가
낮을수록 고독감의 사회적 역할 상실감에 영향을 미치는 것으로 해석할
수 있다.

표 35. 생활체육프로그램 참가 정도가 고독감의 사회적 역할 상실감에 미치는 영향

변인	비표준화 계수	표준오차	표준화 계수	t	유의도
(상수)	3.783	.231		16.350	.000
참가 빈도	-.091	.043	-.134	-2.113	.035
참가 시간	.080	.043	.114	1.850	.065
참가 기간	-.018	.030	-.038	-.606	.545
성(남)	-.159	.092	-.123	-1.729	.085
연령	.017	.039	.028	.439	.661
교육수준	-.013	.037	-.023	-.352	.725
월평균가계소득	-.029	.057	-.032	-.506	.614
배우자(유)	.086	.088	.064	.977	.329
주관적 건강수준	.033	.052	.038	.633	.527
사회봉사활동(유)	.064	.081	.047	.785	.433
R =	.227				
R^2 =	.051				

(2) 노인여가복지시설의 생활체육프로그램 참가 정도가 고독감의 하위차원인
    소외감에 대한 인지도에 미치는 영향

표 36. 생활체육프로그램 참가 정도가 고독감의 소외감에 대한 인지도에 미치는 영향

변인	비표준화 계수	표준오차	표준화 계수	t	유의도
(상수)	3.760	.284		13.226	.000
참가 빈도	−.091	.053	−.109	−1.719	.087
참가 시간	−.010	.053	−.012	−.192	.848
참가 기간	.044	.036	.076	1.218	.224
성(남)	.016	.113	.010	.142	.887
연령	.036	.048	.048	.746	.456
교육수준	−.046	.046	−.065	−1.000	.318
월평균가계소득	−.135	.070	−.123	−1.913	.057
배우자(유)	−.023	.108	−.014	−.208	.835
주관적 건강수준	−.010	.064	−.009	−.152	.879
사회봉사활동(유)	.193	.100	.115	1.930	.055
R =	.239				
R² =	.057				

노인여가복지시설의 생활체육프로그램 참가 정도가 고독감의 소외감에
대한 인지에 미치는 영향을 규명하기 위하여 중다회귀분석을 실시한 결과
는 〈표 36〉과 같다. 이 표에 의하면 생활체육프로그램 참가 정도의 모든
요인들이 5% 수준에서 통계적으로 유의하지 않는 것으로 나타났다. 그리
고 배경변인으로 설정된 7가지 요인 역시 모두가 5% 수준에서 통계적으
로 유의하지 않게 나타났다. 한편 전체 변인에 대한 상대적 설명비율은
약 5.7%(R^2=.057)를 설명하고 있다. 이것은 노인여가복지시설에서 개설
된 생활체육프로그램 참가에 있어서 참가 정도는 고독감의 소외감에 대한
인지에 영향을 미치지 않는 것으로 해석할 수 있다.

(3) 노인여가복지시설의 생활체육프로그램 참가 정도가 사회적 관계의 단절에
　　대한 인지도에 미치는 영향

표 37. 생활체육프로그램 참가 정도가 고독감의 사회적 관계의 단절에 대한 인지도
　　　에 미치는 영향

변인	비표준화 계수	표준오차	표준화 계수	t	유의도
(상수)	4.160	.222		18.758	.000
참가 빈도	-.044	.041	-.066	-1.062	.289
참가 시간	.039	.041	.057	.948	.344
참가 기간	.046	.028	.099	1.618	.107
성(남)	-.065	.088	-.052	-.738	.461
연령	-.071	.037	-.120	-1.888	.060
교육수준	-.076	.036	-.136	-2.121	.035
월평균가계소득	-.029	.055	-.034	-.532	.595
배우자(유)	-.138	.085	-.104	-1.630	.104
주관적 건강수준	.033	.050	.040	.673	.501
사회봉사활동(유)	.035	.078	.026	.448	.655
R =	.287				
R² =	.082				

　　노인여가복지시설의 생활체육프로그램 참가 정도가 고독감의 사회적 관
계의 단절에 대한 인지에 미치는 영향을 규명하기 위하여 중다회귀분석을 실
시한 결과는 〈표 37〉과 같다. 이 표에 의하면 생활체육프로그램 참가 정도의
모든 요인들이 5% 수준에서 통계적으로 유의하지 않는 것으로 나타났다. 그
리고 배경변인으로 설정된 7가지 요인 중에서 교육수준(β = -.136)만이 5%
수준에서 통계적으로 유의하게 나타났다. 한편 전체 변인에 대한 상대적 설
명비율은 약 8.2%(R^2 = .082)를 설명하고 있다. 이것은 노인여가복지시설에
서 개설된 생활체육프로그램 참가에 있어서 참가 정도는 고독감의 사회적 관
계의 단절에 대한 인지에 영향을 미치지 않는 것으로 해석할 수 있다.

(4) 노인여가복지시설의 생활체육프로그램 참가 정도가 고독감의 좌절에 대한
정서적 경험에 미치는 영향

표 38. 생활체육프로그램 참가 정도가 고독감의 좌절에 대한 정서적 경험에 대한 인
지도에 미치는 영향

변인	비표준화 계수	표준오차	표준화 계수	t	유의도
(상수)	3.488	.249		14.016	.000
참가 빈도	-.023	.046	-.030	-.491	.624
참가 시간	.117	.046	.152	2.531	.012
참가 기간	.038	.032	.072	1.175	.241
성(남)	.233	.099	.164	2.355	.019
연령	-.009	.042	-.014	-.226	.821
교육수준	-.071	.040	-.113	-1.778	.077
월평균가계소득	-.151	.062	-.154	-2.447	.015
배우자(유)	-.139	.095	-.093	-1.465	.144
주관적 건강수준	.085	.056	.090	1.521	.129
사회봉사활동(유)	.060	.088	.040	.682	.496
R =	.306				
R² =	.093				

노인여가복지시설의 생활체육프로그램 참가 정도가 고독감의 좌절에 대
한 정서적 경험에 대한 인지도에 미치는 영향을 규명하기 위하여 중다회
귀분석을 실시한 결과는 〈표 38〉과 같다. 이 표에 의하면 생활체육프로그
램 참가 정도의 하위차원 중에서 참가 시간(β=.152) 요인만이 5% 수준
에서 정적인 영향을 미치는 것으로 나타났다. 그리고 배경변인으로 설정
된 7가지 요인 중에서 성(남)(β=.164), 월평균가계소득(β=-.154) 요인
이 5% 수준에서 통계적으로 유의하게 나타났다. 한편 전체 변인에 대한
상대적 설명비율은 약 9.3%(R^2=.093)를 설명하고 있다. 이것은 노인여가
복지시설에서 개설된 생활체육프로그램 참가에 있어서 참가 시간이 많을

수록 고독감의 좌절에 대한 정서적 경험에 영향을 미치는 것으로 해석할 수 있다.

4) 노인여가복지시설의 생활체육프로그램 참가 동기가 심리적 복지의 고독감에 미치는 영향

(1) 노인여가복지시설의 생활체육프로그램 참가 동기가 고독감의 하위차원인 사회적 역할 상실감에 미치는 영향

노인여가복지시설의 생활체육프로그램 참가 동기가 고독감의 사회적 역할 상실감에 미치는 영향을 규명하기 위하여 중다회귀분석을 실시한 결과는 〈표 39〉와 같다. 이 표에 의하면 생활체육프로그램 참가 동기의 하위차원 중에서 취미·오락지향형 요인을 제외하고 건강지향, 자기개발, 사교지향, 가정지향요인 모두가 5% 수준에서 통계적으로 영향을 미치는 것으로 나타났다. 즉 건강지향(β=.258), 가정지향(β=.263), 자기개발(β=.184) 요인의 순으로 높게 정적인 영향을 미치는 반면에 사교지향(β=-.156) 요인은 부적 영향을 미치는 것으로 나타났다. 그리고 배경변인으로 설정된 7가지 요인 중에서 배우자(유)(β=.134)와 성(남)(β=-.133) 요인이 5% 수준에서 통계적으로 유의하게 나타났다. 한편 전체 변인에 대한 상대적 설명비율은 약 20.8%(R^2=.208)를 설명하고 있다. 이것은 노인여가복지시설에서 개설된 생활체육프로그램 참가에 있어서 건강지향, 가정지향, 자기개발 동기는 정적으로, 사교지향 동기는 부적으로 고독감의 사회적 역할 상실감에 영향을 미치는 것으로 해석할 수 있다.

표 39. 생활체육프로그램 참가 동기가 고독감의 사회적 역할 상실감에 미치는 영향

변인	비표준화 계수	표준오차	표준화 계수	t	유의도
(상수)	1.813	.323		5.611	.000
건강지향	.258	.062	.258	4.158	.000
자기개발	.148	.060	.184	2.452	.015
사교지향	-.125	.061	-.156	-2.036	.043
가정지향	.240	.069	.263	3.471	.001
취미·오락지향형	-.067	.056	-.078	-1.201	.231
성(남)	-.172	.080	-.133	-2.145	.033
연령	.040	.036	.067	1.128	.260
교육수준	-.001	.034	-.003	-.043	.965
월평균가계소득	.021	.053	.024	.408	.684
주관적 건강수준	-.025	.046	-.029	-.537	.592
배우자(유)	.181	.082	.134	2.200	.029
사회봉사활동(유)	.027	.076	.020	.359	.720
R =	.456				
R² =	.208				

(2) 노인여가복지시설의 생활체육프로그램 참가 동기가 고독감의 하위차원인
   소외감에 대한 인지도에 미치는 영향

노인여가복지시설의 생활체육프로그램 참가 동기가 고독감의 소외감에
대한 인지도에 미치는 영향을 규명하기 위하여 중다회귀분석을 실시한 결
과는 〈표 40〉과 같다. 이 표에 의하면 생활체육프로그램 참가 동기의 하
위차원 중에서 자기개발 및 가정지향요인 모두가 5% 수준에서 통계적으
로 영향을 미치는 것으로 나타났다. 즉 가정지향(β=.216), 자기개발(β
=.156) 요인의 순으로 높게 정적인 영향을 미치는 것으로 나타났다. 그
리고 배경변인으로 설정된 7가지 요인 모두가 5% 수준에서 통계적으로
유의하지 않게 나타났다. 한편 전체 변인에 대한 상대적 설명비율은 약
14.6%(R^2=.146)를 설명하고 있다. 이것은 노인여가복지시설에서 개설된

생활체육프로그램 참가에 있어서 가정지향 및 자기개발 동기는 정적으로
고독감의 소외감에 대한 인지도에 영향을 미치는 것으로 해석할 수 있다.

표 40. 생활체육프로그램 참가 동기가 고독감의 소외감에 대한 인지도에 미치는 영향

변인	비표준화 계수	표준오차	표준화 계수	t	유의도
(상수)	2.131	.414		5.153	.000
건강지향	-.091	.079	-.074	-1.147	.252
자기개발	.155	.077	.156	2.009	.045
사교지향	-.051	.078	-.052	-.653	.514
가정지향	.243	.089	.216	2.744	.006
취미·오락지향형	.122	.071	.115	1.710	.088
성(남)	-.030	.102	-.019	-.291	.771
연령	.076	.046	.102	1.663	.097
교육수준	-.042	.043	-.059	-.968	.334
월평균가계소득	-.072	.067	-.066	-1.074	.284
주관적 건강수준	-.064	.059	-.061	-1.089	.277
배우자(유)	.098	.105	.059	.933	.351
사회봉사활동(유)	.141	.097	.083	1.454	.147
R =	.381				
R² =	.146				

(3) 노인여가복지시설의 생활체육프로그램 참가 동기가 고독감의 하위차원인
    사회적 관계의 단절에 대한 인지도에 미치는 영향

노인여가복지시설의 생활체육프로그램 참가 동기가 고독감의 사회적 관계
의 단절에 대한 인지도에 미치는 영향을 규명하기 위하여 중다회귀분석을 실
시한 결과는 〈표 41〉과 같다. 이 표에 의하면 생활체육프로그램 참가 동기의
하위차원 중에서 건강지향 및 자기개발요인 각각 0.1%, 1% 수준에서 통계적
으로 영향을 미치는 것으로 나타났다. 즉 자기개발(β=.230), 건강지향(β
=.229) 요인의 순으로 높게 정적인 영향을 미치는 것으로 나타났다. 그

138

리고 배경변인으로 설정된 7가지 요인 모두가 5% 수준에서 통계적으로
유의하지 않게 나타났다. 한편 전체 변인에 대한 상대적 설명비율은 약
22.4%(R^2=.224)를 설명하고 있다. 이것은 노인여가복지시설에서 개설된 생활
체육프로그램 참가에 있어서 건강지향 및 자기개발 동기는 정적으로 고독감의
사회적 관계의 단절에 대한 인지도에 영향을 미치는 것으로 해석할 수 있다.

표 41. 생활체육프로그램 참가 동기가 고독감의 사회적 관계의 단절에 대한 인지도에 미치는 영향

변인	비표준화 계수	표준오차	표준화 계수	t	유의도
(상수)	2.369	.312		7.603	.000
건강지향	.223	.060	.229	3.738	.000
자기개발	.180	.058	.230	3.099	.002
사교지향	-.034	.059	-.044	-.575	.566
가정지향	.050	.067	.056	.749	.455
취미·오락지향형	.027	.054	.032	.503	.615
성(남)	-.109	.077	-.086	-1.407	.161
연령	-.027	.034	-.046	-.777	.438
교육수준	-.049	.032	-.088	-1.512	.132
월평균가계소득	.024	.051	.028	.479	.633
주관적 건강수준	-.002	.044	-.003	-.052	.959
배우자(유)	-.052	.079	-.039	-.654	.514
사회봉사활동(유)	.008	.073	.006	.105	.916
R =	.474				
R^2 =	.224				

(4) 노인여가복지시설의 생활체육프로그램 참가 동기가 고독감의 하위차원인
좌절에 대한 정서적 경험에 미치는 영향

노인여가복지시설의 생활체육프로그램 참가 동기가 고독감의 좌절에 대
한 정서적 경험에 미치는 영향을 규명하기 위하여 중다회귀분석을 실시한

결과는 〈표 42〉와 같다. 이 표에 의하면 생활체육프로그램 참가 동기의
하위차원 중에서 건강지향(β=.197) 요인만이 1% 수준에서 통계적으로
정적인 영향을 미치는 것으로 나타났다. 그리고 배경변인으로 설정된 7가
지 요인 중에서 성(남)(β=.134)만이 5% 수준에서 통계적으로 유의하게
나타났다. 한편 전체 변인에 대한 상대적 설명비율은 약 20.0%(R²=.200)
를 설명하고 있다. 이것은 노인여가복지시설에서 개설된 생활체육프로그
램 참가에 있어서 건강지향 동기는 정적으로 고독감의 좌절에 대한 정서
적 경험에 영향을 미치는 것으로 해석할 수 있다.

표 42. 생활체육프로그램 참가 동기가 고독감의 좌절에 대한 정서적 경험에 미치는 영향

변인	비표준화 계수	표준오차	표준화 계수	t	유의도
(상수)	1.656	.357		4.637	.000
건강지향	.217	.069	.197	3.168	.002
자기개발	.053	.067	.060	.794	.428
사교지향	.079	.068	.090	1.170	.243
가정지향	.095	.077	.095	1.240	.216
취미·오락지향형	.053	.061	.056	.868	.386
성(남)	.191	.088	.134	2.157	.032
연령	.027	.039	.041	.690	.491
교육수준	−.040	.037	−.063	−1.070	.285
월평균가계소득	−.097	.058	−.099	−1.666	.097
주관적 건강수준	.067	.051	.072	1.331	.184
배우자(유)	−.058	.091	−.039	−.639	.523
사회봉사활동(유)	.026	.083	.017	.306	.760
R = R² =	.448 .200				

4. 노인의 여가만족이 심리적 복지에 미치는 영향

1) 노인의 여가만족이 심리적 복지의 생활만족에 미치는 영향

(1) 노인의 여가만족이 생활만족 하위차원인 과거 생활만족에 대한 평가에 미치는 영향

노인의 여가만족이 생활만족의 과거 생활만족에 대한 평가에 미치는 영향을 규명하기 위하여 중다회귀분석을 실시한 결과는 〈표 43〉과 같다. 이 표에 의하면 생활체육프로그램 여가만족의 하위차원 중에서 교육적 만족(β=.254)과 환경적 만족(β=-.130) 요인이 각각 0.1%, 5% 수준에서 통계적으로 정적인 영향을 미치는 것으로 나타났다.

표 43. 노인의 여가만족이 생활만족의 과거 생활만족에 대한 평가에 미치는 영향

변인	비표준화 계수	표준오차	표준화 계수	t	유의도
(상수)	2.216	.415		5.346	.000
교육적 여가만족	.276	.084	.254	3.269	.001
사회적 여가만족	.044	.121	.031	.365	.715
휴식적 여가만족	.136	.088	.114	1.539	.125
생리적 여가만족	-.090	.083	-.085	-1.084	.279
환경적 여가만족	-.043	.020	-.130	-2.211	.028
심리적 여가만족	.009	.025	.021	.368	.713
성(남)	-.129	.105	-.080	-1.230	.220
연령	.057	.046	.076	1.243	.215
교육수준	-.018	.044	-.025	-.409	.683
월평균가계소득	-.002	.068	-.002	-.025	.980
주관적 건강수준	.039	.060	.036	.645	.519
배우자(유)	-.013	.107	-.007	-.118	.906
사회봉사활동(유)	.143	.098	.084	1.457	.146
R =	.357				
R^2 =	.128				

그리고 배경변인으로 설정된 7가지 요인모두 5% 수준에서 통계적으로 유의하지 않게 나타났다. 한편 전체 변인에 대한 상대적 설명비율은 약 12.8%(R^2=.128)를 설명하고 있다. 이것은 노인의 여가만족의 교육적 만족은 정적으로, 환경적 만족은 부적으로 생활만족의 과거 생활만족에 대한 평가에 정적인 영향을 미치는 것을 의미한다.

(2) 노인의 여가만족이 생활만족 하위차원인 현재 생활만족에 대한 인지에 미치는 영향

노인의 여가만족이 생활만족의 현재 생활만족에 대한 인지에 미치는 영향을 규명하기 위하여 중다회귀분석을 실시한 결과는 〈표 44〉와 같다. 이 표에 의하면 여가만족의 하위차원 중에서 휴식적 만족(β=.189)만이 5% 수준에서 통계적으로 정적인 영향을 미치는 것으로 나타났다. 그리고 배경변인으로 설정된 7가지 요인 중에서 성(남)(β=-.242), 연령 (β=.164), 교육수준(β=.140), 주관적 건강수준(β=.128), 배우자(유)(β=.211)가 5% 수준에서 통계적으로 유의하게 나타났다. 한편 전체 변인에 대한 상대적 설명비율은 약 12.0%(R^2=.120)를 설명하고 있다. 이것은 여가만족의 휴식적 만족은 정적으로 현재 생활만족에 영향을 미치는 것을 의미한다.

표 44. 노인의 여가만족이 생활만족의 현재 생활만족에 대한 인지에 미치는 영향

변인	비표준화 계수	표준오차	표준화 계수	t	유의도
(상수)	.552	.733		.753	.452
교육적 여가만족	−.126	.149	−.066	−.846	.398
사회적 여가만족	.229	.214	.091	1.069	.286
휴식적 여가만족	.397	.156	.189	2.536	.012
생리적 여가만족	−.018	.147	−.010	−.121	.904
환경적 여가만족	−.007	.035	−.012	−.206	.837
심리적 여가만족	.000	.043	−.001	−.010	.992
성(남)	−.685	.185	−.242	−3.709	.000
연령	.216	.082	.164	2.650	.008
교육수준	.175	.078	.140	2.249	.025
월평균가계소득	−.115	.121	−.059	−.948	.344
주관적 건강수준	.240	.106	.128	2.271	.024
배우자(유)	.624	.189	.211	3.305	.001
사회봉사활동(유)	−.107	.173	−.036	−.621	.535
R =	.346				
R² =	.120				

(3) 노인의 여가만족이 생활만족 하위차원인 미래 생활만족에 대한 기대에 미치는 영향

노인의 여가만족이 생활만족의 미래 생활만족에 대한 기대에 미치는 영향을 규명하기 위하여 중다회귀분석을 실시한 결과는 〈표 45〉와 같다. 이 표에 의하면 생활체육프로그램 여가만족의 하위차원 중에서 교육적 만족 (β=.263), 휴식적 만족(β=.215)은 정적으로, 생리적 만족(β=−.205)은 부적으로 각각 0.1%, 1% 수준에서 통계적으로 유의하게 나타났다. 그리고 배경변인으로 설정된 7가지 요인 중에서는 사회봉사활동(유)(β=.116) 이 5% 수준에서 통계적으로 유의하게 나타났다. 한편 전체 변인에 대한 상대적 설명비율은 약 12.6%(R²=.126)를 설명하고 있다. 이것은 여가만

족의 교육적 만족과 휴식적 만족은 정적으로, 생리적 만족은 부적으로 생활만족의 미래 생활만족에 대한 기대에 영향을 미치는 것을 의미한다.

표 45. 노인의 여가만족이 생활만족의 미래 생활만족에 대한 기대에 미치는 영향

변인	비표준화 계수	표준오차	표준화 계수	t	유의도
(상수)	2.048	.450		4.551	.000
교육적 여가만족	.310	.092	.263	3.383	.001
사회적 여가만족	−.014	.131	−.009	−.105	.916
휴식적 여가만족	.277	.096	.215	2.888	.004
생리적 여가만족	−.236	.090	−.205	−2.610	.010
환경적 여가만족	−.027	.021	−.074	−1.257	.210
심리적 여가만족	.001	.027	.003	.056	.955
성(남)	−.060	.113	−.034	−.529	.597
연령	.081	.050	.100	1.624	.106
교육수준	.032	.048	.042	.673	.502
월평균가계소득	.042	.074	.035	.560	.576
주관적 건강수준	−.038	.065	−.033	−.592	.554
배우자(유)	.039	.116	.021	.334	.739
사회봉사활동(유)	.214	.106	.116	2.013	.045
R = R² =	.354 .126				

2) 노인의 여가만족이 심리적 복지의 고독감에 미치는 영향

(1) 노인의 여가만족이 고독감의 하위차원인 사회적 역할 상실감에 미치는 영향

노인의 여가만족이 고독감의 사회적 역할 상실감에 미치는 영향을 규명하기 위하여 중다회귀분석을 실시한 결과는 〈표 46〉와 같다. 이 표에 의하면 여가만족의 하위차원 중에서 교육적 만족(β=.263), 휴식적 만족(β=.215)

은 정적으로, 생리적 만족(β= -.205)은 부적으로 각각 0.1%, 1% 수준에서 통계적으로 유의하게 나타났다. 그리고 배경변인으로 설정된 7가지 요인 중에서는 성(남)(β= -.158)만이 1% 수준에서 통계적으로 유의하게 나타났다. 한편 전체 변인에 대한 상대적 설명비율은 약 14.8%(R²=.148)를 설명하고 있다. 이것은 여가만족의 교육적 만족과 휴식적 만족은 정적으로, 생리적 만족은 부적으로 고독감의 사회적 역할 상실감에 영향을 미치는 것을 의미한다.

표 46. 노인의 여가만족이 고독감의 사회적 역할 상실감에 미치는 영향

변인	비표준화 계수	표준오차	표준화 계수	t	유의도
(상수)	2.643	.329		8.033	.000
교육적 여가만족	.201	.067	.230	3.005	.003
사회적 여가만족	-.037	.096	-.033	-.390	.697
휴식적 여가만족	.286	.070	.299	4.076	.000
생리적 여가만족	-.172	.066	-.203	-2.609	.010
환경적 여가만족	-.007	.016	-.024	-.417	.677
심리적 여가만족	-.002	.019	-.006	-.101	.919
성(남)	-.205	.083	-.158	-2.470	.014
연령	.030	.037	.049	.812	.418
교육수준	-.007	.035	-.012	-.190	.850
월평균가계소득	.029	.054	.032	.533	.595
주관적 건강수준	.019	.047	.022	.396	.692
배우자(유)	.153	.085	.113	1.797	.073
사회봉사활동(유)	.024	.078	.018	.309	.757
R =	.385				
R² =	.148				

(2) 노인의 여가만족이 고독감의 하위차원인 소외감에 대한 인지도에 미치는 영향

　노인의 여가만족이 고독감의 소외감에 대한 인지도에 미치는 영향을 규명하기 위하여 중다회귀분석을 실시한 결과는 〈표 47〉과 같다. 이 표에 의하면 여가만족의 하위차원 중 교육적 만족(β=.195), 휴식적 만족(β=.213)은 정적으로, 생리적 만족(β=-.173)은 부적으로 각각 0.1%, 1% 수준에서 통계적으로 유의하게 나타났다. 그리고 배경변인으로 설정된 7가지 요인 모두가 5% 수준에서 통계적으로 유의하지 않게 나타났다. 한편 전체 변인에 대한 상대적 설명비율은 약 11.3%(R²=.113)를 설명하고 있다. 이것은 여가만족의 교육적 만족과 휴식적 만족은 정적으로, 생리적 만족은 부적으로 고독감의 소외감에 대한 인지도에 영향을 미치는 것을 의미한다.

표 47. 노인의 여가만족이 고독감의 소외감에 대한 인지도에 미치는 영향

변인	비표준화 계수	표준오차	표준화 계수	t	유의도
(상수)	2.766	.414		6.685	.000
교육적 여가만족	.210	.084	.195	2.492	.013
사회적 여가만족	-.055	.121	-.039	-.458	.647
휴식적 여가만족	.250	.088	.213	2.835	.005
생리적 여가만족	-.181	.083	-.173	-2.182	.030
환경적 여가만족	-.009	.020	-.027	-.454	.650
심리적 여가만족	.012	.025	.028	.489	.625
성(남)	-.044	.104	-.028	-.426	.670
연령	.058	.046	.078	1.256	.210
교육수준	-.034	.044	-.048	-.774	.440
월평균가계소득	-.079	.068	-.072	-1.151	.250
주관적 건강수준	-.026	.060	-.024	-.431	.667
배우자(유)	.021	.107	.013	.201	.841
사회봉사활동(유)	.177	.098	.105	1.805	.072
R = R² =	.336 .113				

(3) 노인의 여가만족이 고독감의 하위차원인 사회적 관계의 단절에 대한
    인지도에 미치는 영향

노인의 여가만족이 고독감의 사회적 관계의 단절에 대한 인지도에 미치는
영향을 규명하기 위하여 중다회귀분석을 실시한 결과는 〈표 48〉과 같다. 이
표에 의하면 여가만족의 하위차원 중에서 휴식적 만족($\beta = .180$)만이 5% 수
준에서 통계적으로 정적인 영향을 미치는 것으로 나타났다. 그리고 배경변
인으로 설정된 7가지 모든 요인이 5% 수준에서 통계적으로 유의하지 않게
나타났다. 한편 전체 변인에 대한 상대적 설명비율은 약 14.7%($R^2 = .1147$)
를 설명하고 있다. 이것은 노인의 여가만족의 휴식적 만족은 정적으로 고독
감의 사회적 관계의 단절에 대한 인지도에 영향을 미치는 것을 의미한다.

표 48. 노인의 여가만족이 고독감의 사회적 관계의 단절에 대한 인지도에 미치는 영향

변인	비표준화 계수	표준오차	표준화 계수	t	유의도
(상수)	3.135	.321		9.769	.000
교육적 여가만족	.115	.065	.135	1.762	.079
사회적 여가만족	.102	.094	.091	1.091	.276
휴식적 여가만족	.168	.068	.180	2.453	.015
생리적 여가만족	−.100	.064	−.121	−1.559	.120
환경적 여가만족	−.018	.015	−.069	−1.195	.233
심리적 여가만족	.011	.019	.031	.553	.581
성(남)	−.122	.081	−.097	−1.507	.133
연령	−.051	.036	−.088	−1.439	.151
교육수준	−.057	.034	−.103	−1.679	.094
월평균가계소득	.007	.053	.008	.132	.895
주관적 건강수준	.044	.046	.052	.942	.347
배우자(유)	−.100	.083	−.076	−1.203	.230
사회봉사활동(유)	.012	.076	.009	.152	.879
R =	.383				
R^2 =	.147				

(4) 노인의 여가만족이 고독감의 하위차원인 좌절에 대한 정서적 경험에 미치는 영향

노인의 여가만족이 고독감의 소외감에 좌절에 대한 정서적 경험에 미치는 영향을 규명하기 위하여 중다회귀분석을 실시한 결과는 〈표 49〉와 같다. 이 표에 의하면 여가만족의 하위차원 중에서 교육적 만족(β=.184), 휴식적 만족 (β=.228)은 정적으로 각각 5%, 1% 수준에서 통계적으로 정적인 영향을 미치는 것으로 나타났다. 그리고 배경변인으로 설정된 7가지 요인 중에서는 주관적 건강수준(β=.124) 요인만이 5% 수준에서 통계적으로 유의하게 나타났다. 한편 전체 변인에 대한 상대적 설명비율은 약 15.5%(R²=.155)를 설명하고 있다. 이것은 노인의 여가만족의 교육적 만족과 휴식적 만족은 정적으로 고독감의 소외감에 좌절에 대한 정서적 경험에 영향을 미치는 것을 의미한다.

표 49. 노인의 여가만족이 고독감의 소외감에 좌절에 대한 정서적 경험에 미치는 영향

변인	비표준화 계수	표준오차	표준화 계수	t	유의도
(상수)	2.544	.361		7.056	.000
교육적 여가만족	.177	.073	.184	2.415	.016
사회적 여가만족	−.090	.105	−.071	−.851	.395
휴식적 여가만족	.240	.077	.228	3.116	.002
생리적 여가만족	−.035	.072	−.037	−.483	.630
환경적 여가만족	−.017	.017	−.058	−.995	.321
심리적 여가만족	.021	.021	.055	.972	.332
성(남)	.164	.091	.115	1.808	.072
연령	.012	.040	.019	.306	.760
교육수준	−.043	.038	−.068	−1.112	.267
월평균가계소득	−.114	.060	−.117	−1.922	.056
주관적 건강수준	.117	.052	.124	2.253	.025
배우자(유)	−.099	.093	−.066	−1.065	.288
사회봉사활동(유)	.004	.085	.002	.043	.966
R =	.394				
R² =	.155				

5. 노인여가복지시설 생활체육프로그램 참가와 여가만족과 심리적 복지 간의 인과관계

노인여가복지시설 생활체육프로그램 참가(참가 정도, 참가 동기)와 여가만족과 심리적 복지(생활만족, 고독감) 간의 인과관계를 검증하기 위하여 공변량구조분석을 실시하였다.

1) 노인여가복지시설 생활체육참가와 여가만족 및 심리적 복지 간의 인과관계에 대한 공변량구조분석

노인여가복지시설 생활체육참가 정도, 참가 동기, 여가만족과 심리적 복지의 생활만족 및 고독감 결정모형의 적합도 검증 결과는 〈표 50〉과 같다.

표 50. 연구모형 적합도

적합도 지수		적합기준
x^2(df=99, p=.000)	213.785	p>.05
x^2(CMIN/DF)	2.159	x^2/df<3
GFI(기초 부합치)	.923*	GFI>.90
RMR(원소 간 평균 차이)	.05*	RMR<.05
RMSEA(근사오차제곱평균의 제곱근)	.061*	RMSEA<.05, .08, .10
NFI(표준적합지수)	.900*	NFI>.90
TLI(비표준적합지수)	.906*	TLI>.90
CFI(비교적합도 지수)	.922*	CFI>.90

*적합

GFI, AGFI 그리고 CFI는 대략 .90 이상이면 모형의 적합도가 좋은 것으로 간주되며(Schumacker & Lomax, 1996), RMSEA 값이 .05 이하면 적합도가 좋은 모형, .08 이하면 적합 모형, .10 이상이면 나쁜 모형으로 해석된다(홍세희, 2000; Brown & Cudeck, 1993).

〈표 50〉을 살펴보면 Chi-squaer=213.785, (CMIN/DF)Chi-squaer= 2.159로 나타나 모형의 적합성을 채택하지 못하였지만 GFI=.923, NFI= .900, TLI=.906, CFI=.922로 .90 이상으로 양호한 적합지수를 보이고 있으며 또한 RMR=.05로 .05 이하, RMSEA=.061로 .08 이하로 양호한 적합지수를 보이고 있다. 따라서 Chi-squaer 값을 제외한 나머지 공변량구조모형 적합 지수가 모두 만족하므로 본 연구모형이 적합하다고 할 수 있다. 연구모형이 적합하더라도 설정된 가설을 모두 지지하지 않을 수도 있기 때문에 경로계수 에 의한 분석을 실시하였다. 본 연구의 가설검증 결과는 〈표 51〉과 같다.

표 51. 가설검증 결과

가설경로	경로계수	표준오차	t	가설검증
생활체육참가 정도 → 여가만족	.17	.083	1.971*	채택
생활체육참가 정도 → 심리적 복지	-.32	.068	-.370	기각
참가 동기 → 여가만족	.45	.095	6.033***	채택
참가 동기 → 심리적 복지	.59	.17	5.723***	채택
여가만족 → 심리적 복지	.18	.064	2.236*	채택

***p<.001, *p<.05

〈표 51〉 살펴보면 연구모형의 첫 번째 경로인 생활체육프로그램 참가 정도가 높을수록 여가만족이 높을 것이라는 경로는 통계적으로 5% 수준 에서 정적인 효과가 있는 것으로 나타나 첫 번째 경로가 채택되었다. 두 번째 경로인 생활체육프로그램 참가 정도가 높을수록 심리적 복지가 높을 것이라는 경로는 통계적으로 효과가 없는 것으로 나타나 두 번째 경로는 기각되었다. 세 번째 경로인 참가 동기가 높을수록 여가만족이 높을 것이 라는 경로는 통계적으로 0.1% 수준에서 정적인 효과가 있는 것으로 나타 나 세 번째 경로는 채택되었다.

네 번째 경로인 참가 동기가 높을수록 심리적 복지가 높아질 것이라는

150

경로는 통계적으로 0.1% 수준에서 정적인 효과가 있는 것으로 나타나 네 번째 경로도 채택되었다. 다섯 번째 경로인 여가만족이 높을수록 심리적 복지가 높아질 것이라는 경로는 통계적으로 5% 수준에서 정적인 효과가 있는 것으로 나타나 다섯 번째 경로도 채택되었다. 잠재변인과 관측변인 간 추정치, 오차변량 및 다중상관치는 〈표 52〉와 같다.

표 52. 잠재변인과 관측변인 간의 추정치, 오차변량 및 다중상관치

변수		표준화추정치	비표준화추정치	오차변량	R^2(다중상관치)
참가 정도	빈도	.46***	1	.70	.215
	시간	.59***	.93	.55	.348
	기간	.43***	.75	1.50	.187
참가 동기	취미오락지향	.59***	1	.37	.35
	자기개발	.79***	1.42	.24	.63
	사교지향	.78***	1.15	.26	.64
	가정지향	.80***	1.27	.18	.60
	건강지향	.53***	.77	.30	.28
여가만족	교육적	.77***	1	.22	.594
	환경적	.27***	1.14	5.38	.072
	생리적	.73***	0.98	.27	.535
	휴식적	.72***	0.86	.22	.522
	사회적	.84***	0.83	.09	.702
	심리적	.31***	1.01	3.18	.094
	Res1	NA	NA	.25	NA
심리적 복지	생활만족	.64***	1.00	.31	.41
	고독감	.75***	.843	.12	.56
	Res2	NA	NA	.21	NA

***p<.001

〈표 52〉를 살펴보면 생활체육프로그램 참가 정도의 관찰변인들의 빈도(.46), 시간(.59), 기간(.43)은 p<.001 수준에서 유의하게 나타났다. 또한 오차변량은 .55~1.50으로 나타났으며, 설명력 18.7%~34.8%를 보이고 있

는 것으로 나타났다. 생활체육프로그램 참가 동기의 관찰변인들의 취미오
락형(.59), 자기개발(.79), 사교지향(.78), 가정지향(.80)은 p〈.001 수준에서
유의하게 나타났다. 또한 오차변량은 .18~.37로 나타났으며 설명력은
35%~64%를 보이고 있는 것으로 나타났다.

여가만족의 관찰변인들의 교육적(.77), 환경적(.27), 생리적(.73), 휴식적
(.72), 사회적(.84), 심리적(.31) 변인들은 0.1% 수준에서 유의하게 나타났
다. 또한 오차변량은 .09~5.38로 나타났으며 설명력은 9.4%~70.2%를 보
이고 있는 것으로 나타났다. 심리적 복지 관찰변인들의 생활만족(.64), 고
독감(.75)은 p〈.001 수준에서 유의하게 나타났다. 또한 오차변량은 .1
2~.31로 나타났으며 설명력은 41%~56%를 보이고 있는 것으로 나타났
다. 본 연구모형의 공변량구조분석 모형은 다음의 〈그림 3〉과 같다.

그림 3. 노인여가복지시설의 생활체육프로그램 참가와 여가만족 및 심리적
　　　 복지의 공변량구조모형

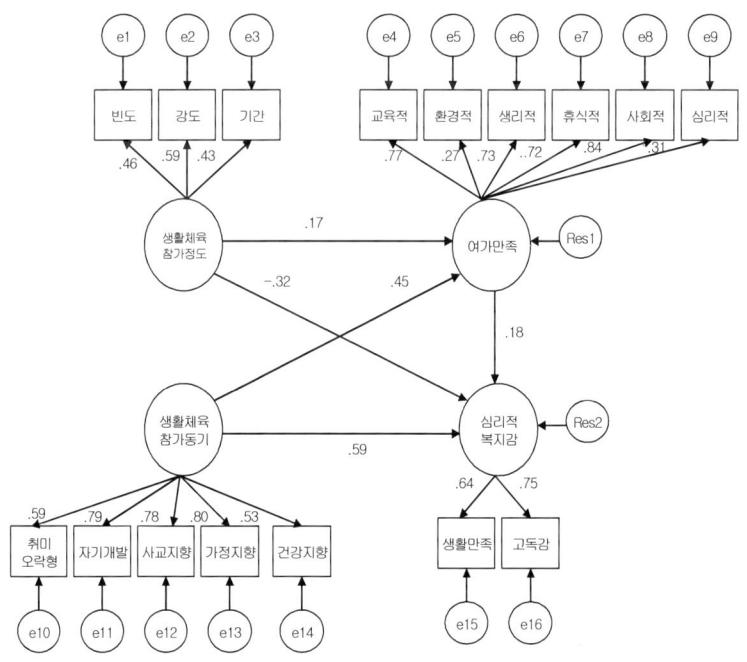

2) 노인여가복지시설 생활체육프로그램 참가와 여가만족 및 심리적 복지 간에 대한 연구모형의 인과효과 분석

표 53. 인과효과 분석결과

경로	직접효과	간접효과	인과효과(총효과)
생활체육참가 정도 → 여가만족	.169	–	.169
생활체육참가 정도 → 심리적 복지	-.032	.030	-.002
생활체육참가 동기 → 여가만족	.448	–	.448
생활체육참가 동기 → 심리적 복지	.591	.080	.671
여가만족 → 심리적 복지	.178	–	.178

본 연구모형의 직·간접효과 검증한 결과는 〈표 53〉과 같다. 이 표를 살펴보면 노인여가복지시설의 생활체육프로그램 참가 정도는 여가만족에 .169, 심리적 복지에 -.032의 직접효과를 보이고 있다.

그림 4. 노인여가복지시설 생활체육프로그램 참가와 여가만족 및 심리적 복지 인과모형

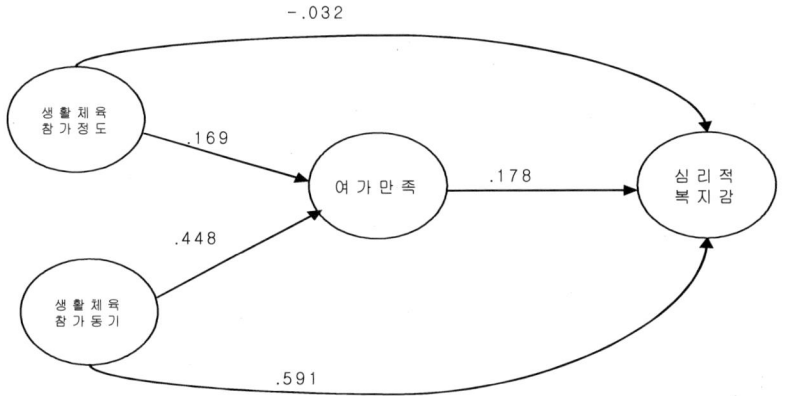

　　노인여가복지시설의 생활체육프로그램 참가 정도는 여가만족을 통한 심리
적 복지에 .03(.169×.178=.030)의 간접효과를 보이고 있으며 -.002(-.032
+.030=-.002)의 총 효과를 보이고 있다. 생활체육프로그램 참가 동기는 여
가만족 .448, 심리적 복지에 .591의 직접효과를 보이고 있다. 생활체육프로그
램 참가 동기는 여가만족을 통한 심리적 복지에 .080(.448×.178=.080)의 간
접효과를 보이고 있으며 .671(.591+.080=.675)의 총 효과를 보이고 있다. 또
한 여가만족은 심리적 복지에 .178의 직접효과를 보이고 있다. 따라서 노인여
가복지시설 생활체육참가와 여가만족 및 심리적 복지 간의 인과모형은 〈그림
4〉와 같다.

V. 논 의

노인여가복지시설의 생활체육프로그램 참가가 심리적 복지에 미치는 영향을 규명하기 위하여 첫째, 인구통계학적 특성에 따른 여가만족 및 심리적 복지의 차이, 둘째, 노인여가복지시설의 생활체육프로그램 참가와 여가만족의 관계, 셋째, 노인여가복지시설의 생활체육프로그램 참가와 심리적 복지의 관계, 넷째, 노인의 여가만족과 심리적 복지의 관계를 중심으로 분석한 결과 부분적으로 유의미한 결과를 얻었다. 이 장에서는 이들 유의미한 결과를 중심으로 이론적 관점과 선행연구들에서 보고하고 있는 결과들을 참고로 하여 이 연구의 결과가 갖는 의미들을 논의하고자 한다.

1. 인구통계학적 특성과 여가만족 및 심리적 복지

노인의 인구통계학적 특성변인으로서 이 연구의 배경변인으로 선정된 성, 연령, 교육수준, 월평균가계소득, 배우자 유무, 주관적 건강수준, 사회봉사활동 유무 등에 따른 여가만족 및 심리적 복지의 차이를 분석할 결과 부분적으로 유의하게 나타났다.

우선 여가만족에서는 연령의 75-79세 집단이 65-69세 집단보다 환경만족을 높게 인지하고 있으며, 배우자 유무에 따라서는 배우자가 없는 집단이 배우자가 있는 집단보다 환경적 만족과 생리적 만족이 높게 나타났다. 이러한 결과는 노인여가복지시설 체육프로그램에 참가하는 노인의 인구통계학적 특성변인에 따라 여가만족은 연령에 있어서 75-79세 집단이 65-69세 집단보다 환경만족이 높으며, 배우자 유무에 따라 배우자가 없는 집단이 배우자가 있는 집단보다 환경적 만족과 생리적 만족이 높음을 의미하는 것이다.

두 번째로 심리적 복지의 생활만족에서는 성별에 따라 과거 생활만족에 대한 평가는 여자가 남자보다, 전체 생활만족은 여자가 남자보다 높게 인지하는 것으로 나타났으며, 연령에 따라 전체 생활만족은 75-79세 집단이 65-69세 집단보다 높게 인지하고 있는 것으로 나타났다. 사회봉사활동 유무에 따라 과거 생활만족에 대한 평가에서 사회봉사활동 참가집단이 참가하지 않는 집단보다 높게, 미래 생활만족에 대한 기대에서는 참가집단이 봉사활동에 참가하지 않는 집단보다 높게 나타났다.

이러한 결과는 노인의 인구통계학적 특성변인에 따라 생활만족은 부분적으로 차이가 있는 것을 의미하며, 과거 생활만족에 대한 평가는 여자가 남자보다, 전체 생활만족은 여자가 남자보다 높으며, 연령에 따라 전체 생활만족은 75-79세 집단이 65-69세 집단보다 높은 것을 의미한다. 사회봉사활동 유무에 따라 과거 생활만족에 대한 평가에서 사회봉사활동 참가집단이 참가하지 않는 집단보다 높게, 미래 생활만족에 대한 기대에서는 봉사활동 참가집단이 참가하지 않는 집단보다 높은 것을 의미한다.

그리고 인구통계학적 특성변인에 따라 심리적 복지의 고독감에는 부분적으로 차이가 있는 것으로 나타났다. 성별에 따라 고독감의 사회적 관계의 단절에 대한 인지는 여자가 남자보다, 좌절에 대한 정서적 경험은 남자가 여자보다 그리고 전체 고독감은 여자가 남자보다 높게 나타났다. 연령에 따라 좌절에 대한 정서적 경험은 70-74세가 65-69세보다, 전체 고독감은 70-74세가 65-69세보다 높게 나타났다.

교육수준에 따라 사회적 관계의 단절에 대한 인지도는 국졸이 고졸보다, 전체 고독감은 국졸이 고졸보다 높게 나타났다. 월평균가계소득에 따라 사회적 역할 상실감은 100만 원 미만 집단이 150만 원 이상 집단보다 높게 나타났다. 그리고 배우자 유무에 따라 사회적 관계의 단절에 대한 인지도는 배우자가 없는 집단이 배우자가 있는 집단보다, 좌절에 대한 정서적 경험은 배우자가 없는 집단이 배우자가 있는 집단보다 높으며, 전체 고독감은 배우자가 없는 집단이 배우자가 있는 집단보다 높은 것으로 나타났다.

이러한 결과는 성별에 따라 고독감의 사회적 관계 단절에 대한 인지는 여자가 남자보다, 좌절에 대한 정서적 경험은 남자가 여자보다 그리고 전체 고독감은 여자가 남자보다 높으며, 연령에 따라 좌절에 대한 정서적 경험은 70-74세가 65-69세보다, 전체 고독감은 70-74세가 65-69세보다 높음을 의미한다. 그리고 교육수준에 따라 사회적 관계의 단절에 대한 인지도는 국졸이 고졸보다, 전체 고독감은 국졸이 고졸보다 높으며, 월평균가계소득에 따라 사회적 역할 상실감은 100만 원 미만 집단이 150만 원 이상 집단보다 높음을 의미한다. 배우자 유무에 따라 사회적 관계의 단절에 대한 인지도는 배우자가 없는 집단이 배우자가 있는 집단보다, 좌절에 대한 정서적 경험은 배우자가 없는 집단이 배우자가 있는 집단보다 높으며, 전체 고독감은 배우자가 없는 집단이 배우자가 있는 집단보다 높음을 의미한다.

본 연구에서 나타난 결과들은 선행연구들에서 보고하고 있는 결과와 부분적으로 일치하기도 하나 생활체육참가 노인들에서 나타날 수 있는 상황의 특성적 요인이 나타날 수도 있기 때문에 부분적으로 해석상의 심층적 이해가 필요하다고 할 수 있다. 예를 들어 여성들이 남성들보다 심리적 괴로움의 수준은 높고 건강 및 복지감(well-being)의 수준은 낮다는 보고(김영혜, 2004)와 달리 본 연구에서는 여성노인들이 고독감이나, 생활만족의 여러 차원들에서 유의하게 나타난 요인들은 모두 높게 나타났다. 이러한 현상은 Cotten(1999)도 남성보다 여성들이 심리적 괴로움의 수준이 높음을 제시하였으며, Umberson과 그의 동료들(1996)의 연구에서도 여성들의 우울도가 남성보다 높은 것으로 밝혀졌다. 조성남(2001)도 한국의 여성노인들이 남성노인에 비해 삶에 대한 심리적 복지감 수준이 더 낮다고 보고하고 있다. 이는 아마도 생활체육활동에 참가하는 여성 노인들이 그들의 여가활동장면에서 경험하게 되는 정서적 요인들의 영향을 받고 있어서 감정에 대한 다양한 경험을 하고 있다고 해석된다. 따라서 부적 정서이건 정적 정서이건 풍부한 감정의 교류는 생활체육활동 참가 노인들에게 있어서는 여성 노인이 높게 인지하고 있다는 것으로 해석된다.

연령에 있어서 유의하게 나타난 특징을 보면 두 개의 연령 집단에서 차이가 있는 것으로 나타났는데 이는 Turner 등(1994)의 연구에서는 같은 세대 내에서도 연령이 높을수록 우울증이 증가하는 경향이 있음을 밝히고 있고, Mirowsky와 Ross(1989) 그리고 Turner와 Llody(1998)는 중년부부와 비교했을 때 젊은 부부나 노년기의 부부가 심리적 괴로움의 수준이 높고 복지감(well-being)의 수준은 낮게 나타난다는 것이다. 그럼에도 불구하고 본 연구의 집단 간 차이는 70-74세가 65-69세보다 생활만족과 고독감 요인에서 부분적으로 높게 나타는 특징을 보이고 있다. 이는 일상생활에서보다 노인여가복지시설의 생활체육프로그램에 참가하고 있는 노인들의 특징으로 이 연령대의 노인들이 활동에 민감하게 반응을 하며, 적극적으로 참가함으로써 풍부한 정서적 경험을 하는 데서 비롯되는 것으로 추측할 수 있다고 판단된다.

교육수준에 따른 특징을 보면 국졸이 중졸이나 고졸보다, 과거 생활만족에 대한 평가를 높게 하고 고독감의 사회적 관계 단절에 대한 평가를 높게 하는 것으로 나타났다. 이는 김정석과 김익기(2000)의 연구에서 교육수준이 높은 노인일수록 주관적 안녕과 만족의 수준이 상대적으로 높았다는 보고와 불일치하는 결과로 받아질 수 있다. 그러나 교육수준은 단일요인으로 의미를 부여하기보다는 교육수준이 소득이나 직업지위 등과 연결된 사회경제적 지위(SES) 개념을 통해 해석되는 것이 바람직하다. 참고로 사회경제적 지위가 높은 사람의 정신건강 상태가 사회경제적 지위가 낮은 사람의 정신건강 상태보다 더 좋으며(Mirowsky and Ross, 1989; Turner and Lloyd, 1998; Turner and Marino, 1994). 심리적 괴로움(psychological distress)은 낮다는 결과(Cotten, 1999)들이 보고되고 있다.

건강상태는 노인의 생활만족도에 영향을 주는 중요한 요인 중 하나이다. 좋지 못한 건강상태가 노인들의 활동을 부자유스럽게 할 뿐만 아니라 사회적 고립 정도를 높여서 결과적으로 그들에게 소외감을 느끼게 한다. 원영희(1995)도 노인의 건강상태가 좋을수록 노인의 심리적 행복감의 정도가 높아짐을 보고하고 있다. 또한 조성남(2001)의 연구에서도 신체적으로 건강이 양호한 노인들이 건강상태가 좋지 못한 노인에 비해 상대적으로 심리적인 안녕감을 더욱 느끼고, 삶의 만족도도 높아진다고 하였다. 그러나 본 연구에서는 비교적 높은 평균 점수를 보임에도 불구하고 주관적 건강수준에 따라서 이들 변인들이 차이가 없는 것으로 나타났다. 이는 연구대상자들이 노인여가복지시설의 체육프로그램에 참가자로서 활동에 참가하는 그 자체가 어느 정도 신체적 건강수준을 갖추었다고 보기 때문에 일반노인들이 지각하는 건강수준과는 다른 결과를 보여줄 수 있다고 판단된다.

또한 고독감은 배우자가 없는 집단이 배우자가 있는 집단보다 높게 나타난 이 연구의 결과는 임창희(2004)의 연구에서 배우자가 있는 집단이 여가활동에 더 적극적으로 참가하며 생활만족 또한 더 높게 인지하는 것으로 나타났다고 보고함으로써 본 연구의 결과에 간접적으로 지지해 주고 있다.

그리고 사회봉사활동은 노인의 사회관계망을 유지하고 확장시켜 주는 중요한 활동으로 작용한다. 사회봉사활동에 참가하는가 안하는가에 대한 조건은 개인이 비공식적으로 교제하는 빈도, 가깝게 느끼는 사람들의 수 그리고 노인들의 사회적 관계가 긴장과 지원에 의해 특성화되는 정도를 의미한다(Umberson et al., 1996). 따라서 본 연구의 결과에서처럼 사회봉사활동 참가자집단이 비참가집단보다 과거 생활만족에 대한 평가를 높게 하며, 미래 생활만족에 대해서도 높은 기대를 하는 것으로 나타나 심리적 복지 수준을 높게 지각하는 데 영향을 주는 요인으로 간주된다고 할 수 있다.

2. 노인여가복지시설의 생활체육프로그램 참가와 여가만족

노인여가복지시설의 생활체육프로그램 참가가 여가만족에 미치는 영향을 살펴보기 위하여 독립변인인 생활체육프로그램 참가 정도와 참가 동기가 각각 여가만족에 미치는 영향을 분석한 결과 부분적으로 유의한 결과를 발견하였다.

노인여가복지시설의 생활체육프로그램 참가 정도에 따른 결과를 살펴보면 참가 시간은 심리적 여가만족, 교육적 여가만족, 환경적 여가만족, 사회적 여가만족, 생리적 여가만족에 정적인 영향을 미치는 것으로 나타났다. 그리고 참가 빈도는 환경적 여가만족과 사회적 여가만족에, 참가 기간은 교육적 여가만족과 사회적 여가만족, 생리적 여가만족에 정적인 영향을 미치는 것으로 나타났다. 이러한 결과는 생활체육프로그램 참가 정도에 있어서 시간을 많이 투자하여 심도 있게 참가할수록 심리적 만족, 교육적 만족, 환경적 만족, 사회적 만족, 생리적 만족이 높음을 의미한다. 그리고 자주 참가할수록 환경적 여가만족과 사회적 만족이 높으며, 참가한 기간이 길수록 교육적 만족과 사회적 만족, 생리적 만족이 높음을 의미하는 것이다. 노인여가복지시설의 생활체육프로그램 참가 동기에 따른 결과를 살펴보면 참가동기의 자기개발 동기가 높을수록 심리적 만족, 교육적 만족, 환경적 만족, 사회적 만족이 높으며, 가정지향 동기가 높을수록 교육적 만족이 높으며,

사교지향 동기가 높을수록 환경적 만족이 높음을 의미한다. Ragheb와 Grffith(1982)는 여가활동의 참가가 많을수록 여가만족도가 높으며, Sneegas (1986)의 연구에서는 여가활동 참가수준은 여가만족에 영향을 미친다고 보고하고 있다. 그리고 정용승, 최재성(1999)은 스포츠 참가 동기가 여가만족에 긍정적 영향을 미친다고 보고하였다. 특히 노인을 대상으로 한 국내의 연구(김경식, 1996; 김종도, 2002; 민경훈, 1996; 이성철, 1996) 등과도 일치함으로써 지지되고 있다고 할 수 있다. 특히 김종도(2002)의 노인복지관에 거주하는 노인의 여가참가에 관한 연구는 본 연구의 결과를 더욱 의미 있게 지지해 주고 있다.

3. 노인여가복지시설의 생활체육프로그램 참가와 심리적 복지

노인여가복지시설의 생활체육프로그램 참가가 여가만족에 미치는 영향을 살펴보기 위하여 생활체육프로그램 참가 정도와 참가 동기가 각각 여가만족에 미치는 영향을 분석한 결과 부분적으로 유의한 결과를 발견하였다.

1) 노인여가복지시설의 생활체육프로그램 참가 정도와 심리적 복지의 생활만족

노인여가복지시설의 생활체육프로그램 참가 정도는 심리적 복지의 생활만족에 부분적으로 영향을 미치는 것으로 나타났다. 생활체육프로그램 참가 정도 요인 중에서 시간을 많이 투자하여 심도 있게 참가할수록 미래 생활만족에 대해 높게 기대하는 것을 의미한다.

그리고 노인여가복지시설의 생활체육프로그램 참가 동기에 따른 결과를 살펴보면 자기개발 및 가정지향에 대한 동기가 높을수록 생활만족의 과거

생활만족에 대한 평가가 높으며, 현재 생활만족의 인지 및 미래 생활만족
에 기대를 높게 지각하는 것을 의미한다. 그리고 가정지향에 대한 동기가
높을수록 생활만족의 과거 생활만족에 대한 평가가 높으며, 건강지향에 대
한 동기가 높을수록 생활만족의 미래 생활만족에 대한 기대가 높음을 의미
한다. 이러한 결과는 노인의 생활만족에 사회활동과 여행이 주요 예측변인
이라고 보고하는 연구(Kelly, 1987)와 여가활동참가가 생활만족에 긍정적
효과가 있다고 보고하는 연구(Sneegas, 1986)와 부분적으로 일치하고 있다.
따라서 노인들은 자신이 생활체육활동과 같은 적극적 여가활동이 미래 생
활만족에 대해 높게 기대하고 있는 것으로 해석된다. 한편 국내의 연구(강
효민, 진종현, 1997; 김경식, 민경훈, 1996, 원효순, 2000; 이성철, 1996; 임
용환, 2003)들에서도 노인들의 스포츠 및 여가활동 참가가 생활만족에 유
의한 영향을 미친다고 보고하여 이 연구의 결과를 지지하고 있다. 앞으로
접근성이 높은 노인여가복지시설의 생활체육프로그램은 보다 더 체계적이
고 풍부한 프로그램들을 개설하여 점점 늘어가는 노년세대들에 대한 여가
기회를 확대할 수 있도록 노력을 기울여야 할 것이다.

2) 노인여가복지시설의 생활체육프로그램 참가와 심리적 복지의 고독감

노인여가복지시설의 생활체육프로그램 참가 정도에 따른 고독감의 차이
에 대한 결과는 부분적으로 유의미한 결과를 얻었다. 이 결과를 살펴보면
참가 빈도가 낮을수록 사회적 역할 상실감이 높으며, 참가 빈도가 높을수
록 고독감의 사회적 관계의 단절에 대한 인지가 높음을 의미한다. 그리고
생활체육프로그램 참가 시간이 길수록 고독감의 좌절에 대한 정서적 경험
이 높음을 의미한다. 이것은 DeCarlo(1974)와 Peppers(1976)가 노인의 생
활만족과 사회체육활동 참가 빈도는 긍정적 관계를 보인다는 결과와 일치
하다. 그리고 Riddick과 Daniel(1984)은 노인 여성의 사회체육활동 참가를

다양한 여가활동에 참가하는 시간으로 간주하여 사회체육활동 빈도가 생활만족에 영향을 미친다고 보고함으로써 이 연구의 결과를 지지해 주고 있다.

노인에게 있어서 고독감은 노화 과정에서 필연적으로 경험하는 심각한 문제 중의 하나로서(Baines, 1981) 불안과 우울증과 같은 부정적 감정상태와 유사한 회피적 경험으로서 사회적 고립과는 구별될 뿐만 아니라 자신의 사회적 관계망에 대한 부적응의 인지로부터 비롯된다(Peplau & Perlman, 1982). Creecy 외 2인(1985)에 의하면 노인의 고독감과 관련된 감정이나 징후는 개인의 환경적 조건이나 배우자 상실 및 건강약화 등과 같은 상태로 나타난다고 지적하였다. 이와 같은 관점에서 Preston(1987)의 양로원 거주 노인의 여가활동 및 여가만족과 고독감의 관계 연구에서 양로원에서의 신체적 활동 프로그램을 통한 여가활동이 고독감에 직접적인 부적 영향을 미치지는 못하지만 여가만족을 통한 간접적 영향을 미친다고 보고한 바 있다. 또한 Pearlman 등(1978)은 70세 이상의 퇴직 대학교수를 대상으로 여가활동 참가 빈도와 고독감과의 부적 상관관계가 있다고 보고하였다. 반면에 Bull과 Aucoin(1975), Lemon 등(1972)은 여가활동과 고독감은 의미 있는 관계를 보이지 않았다고 보고하였다.

그리고 노인여가복지시설의 생활체육프로그램 참가 동기에 대한 결과를 살펴보면 건강지향 동기가 높을수록 고독감의 사회적 역할 상실감, 사회적 관계의 단절에 대한 인지도, 좌절에 대한 정서적 경험이 높음을 의미한다. 그리고 건강지향 동기가 낮을수록 사회적 역할 상실감이 낮음을 의미한다. 또한 자기개발 동기가 높을수록 고독감의 사회적 역할 상실감, 사회적 관계의 단절에 대한 인지도가 높으며, 가정지향 동기가 높을수록 사회적 역할 상실감과 소외감에 대한 인지도가 높음을 의미한다.

따라서 본 연구에서의 결과의 의미에 근거하여 볼 때 생활체육프로그램에 참가한 노인의 고독감은 생활과정에서 지속적으로 내면화되어 왔다기보다는 생활체육활동을 포함한 여러 활동 과정에서 일시적으로 경험하는 심리적 부조화로부터 비롯된다고 유추할 수 있다.

Brooks와 Elliot(1971)는 스포츠와 같은 능동적 여가활동을 통하여 자기만 족을 많이 경험하는 사람은 주로 수동적 여가활동을 한 사람에 비하여 심리 적 복지와 적응력이 보다 높았다는 결과를 보고하였다. 또한 Flanagan(1978) 은 사회체육과 같은 활동적 여가가 총체적 삶의 질과 가장 큰 상관관계를 지 닌다고 보고함으로써 본 연구의 결과를 부분적으로 지지해 주고 있다. 결국 노인들에 있어서 생활체육참가는 활동의 장에서 고독감에 대한 다차원적 인 지를 함으로써 일상에서 변화 없는 정서적 경험으로부터 탈피하는 효과를 기 대할 수 있다고 판단된다.

4. 노인의 여가만족과 심리적 복지

노인의 여가만족이 심리적 복지에 미치는 영향을 살펴보기 위하여 심리 적 복지를 정적 개념으로서 생활만족과 부적 개념으로서 고독감 두 가지 영역으로 구분하여 각각의 영향력을 분석한 결과 부분적으로 유의한 결과 를 발견하였다.

1) 노인의 여가만족과 심리적 복지의 생활만족

노인의 여가만족에 따라 심리적 복지의 생활만족에 대한 영향력을 살펴 보면 부분적으로 영향을 미치는 것으로 나타났다. 이러한 결과는 노인의 여가만족은 심리적 복지의 정적 개념으로서 생활만족에 부분적으로 영향 을 미치는 것을 의미하는 것이다. 즉 여가만족의 교육적 만족이 높을수록, 환경적 만족이 낮을수록 과거 생활만족에 대한 평가를 높게 하는 것을 의 미하며, 휴식적 만족이 높을수록 현재 생활만족을 높게 인지함을 의미한다. 그리고 교육적 만족과 휴식적 만족이 높을수록, 생리적 만족이 낮을수록 미래 생활만족에 대한 기대를 높게 하는 것을 의미하는 것이다.

Ragheb과 Griffith(1982), Kelly, Steinkamp, Kelly(1987), Han(1988), Won(1989) 등의 여가만족과 생활만족의 관련성 연구에서는 여가활동의 다양성이나 활동의 수준보다는 활동 과정에서 일어나는 여가만족과 몰입 경험의 정도가 생활만족과 더욱 높은 관련성을 지니고 있는 것으로 보고하고 있다. 특히 장년층을 대상으로 한 Ragheb과 Griffth(1982)의 연구에서 여가만족도가 높을수록 삶의 질적 수준이 높아진다고 보고하고 있다. 그리고 Sneegas(1986)는 여가만족이 생활만족에 긍정적 효과가 있다고 보고함으로써 본 연구의 결과를 지지해 주고 있다. 그리고 대부분의 생활체육관련 활동에의 노인의 참가는 생활만족과 정적 관계가 있다는 국내의 연구(김경식, 민경훈, 1996; 원효순, 2000; 이상구, 강효민, 1997; 이성철, 1996; 임용환, 2003) 등은 본 연구와 같은 결과를 보여주고 있다. 이는 생활체육활동과 같은 능동적 여가활동 참가자들에게 있어서 높은 여가만족은 심리적 복지차원인 생활만족에 긍정적 영향을 미치는 것으로 해석할 수 있다.

2) 노인의 여가만족과 심리적 복지의 고독감

노인의 여가만족에 따라 심리적 복지의 고독감에 대한 영향력을 살펴보면 여가만족의 하위차원에 따라 부분적으로 고독감에 영향을 미치는 것으로 나타났다. 이러한 결과에서 보여주는 구체적인 의미들을 살펴보면 여가만족의 하위차원 중에서 교육적 만족과 휴식적 만족이 높을수록, 생리적 만족이 낮을수록 사회적 역할 상실감이 높음을 의미하며, 교육적 만족과 휴식적 만족이 높을수록, 생리적 만족이 낮을수록 고독감의 소외감에 대해 높게 인지하는 것을 의미한다. 그리고 휴식적 만족이 높을수록 사회적 관계의 단절에 대해 높게 인지하며, 교육적 만족과 휴식적 만족이 높을수록 소외감과 좌절에 대한 정서적 경험을 높게 인지함을 의미한다.

Iso-Ahola(1993)는 여가활동유형 중 능동적 여가활동이 수동적인 여가활동보다 여가만족에 긍정적인 영향을 미치며, 최상의 각성수준을 나타냄으로써 주관적 안녕감과 관련이 높았다고 보고하고 있다. 또한 Bultena와 Wood(1970), Keith(1979) 그리고 Preston(1987) 등의 연구에서도 여가활동 및 여가만족과 고독감에는 관계가 있다고 보고하고 있어 부분적으로 본 연구의 결과를 지지해 주고 있다. 그러나 본 연구에서는 결과의 방향성이 다소 규칙적이지 않게 나타남으로써 이러한 원인에 대한 심층적인 규명이 후속연구에서는 다루어져야 할 것으로 사료된다.

5. 노인여가복지시설의 생활체육프로그램 참가와 여가만족 및 심리적 복지의 인과관계

노인여가복지시설의 생활체육프로그램 참가와 여가만족 및 심리적 복지 간의 인과관계를 검증한 결과 이들 변인 간에 부분적으로 직·간접적인 영향을 미치는 것으로 나타났다. 세부적으로 보면 노인여가복지시설의 생활체육프로그램 참가 정도는 여가만족과 심리적 복지에 직접효과 및 여가만족을 통한 간접효과가 있는 것으로 나타났다. 한편 생활체육프로그램 참가 동기는 여가만족 및 심리적 복지에 직·간접적인 효과가 있는 것으로 나타났으며, 여가만족은 심리적 복지에 직접효과가 있는 것으로 나타났다.

이는 앞장에서 분석된 각 변인 간의 독립적 영향에서 나타난 바와 같이 유의미한 결과를 보여주는 것이다. 즉 노인여가복지시설에 개설된 생활체육프로그램에 참가하는 노인들은 참가 정도와 참가 동기에 따라서 각 요인별로 여가만족 및 심리적 복지의 하위차원인 생활만족과 고독감에 직·

간접적으로 영향을 미치는 것으로 이들 간의 인과관계가 형성되고 있음을 의미하는 것이다.

이러한 연구의 결과는 많은 실증적 연구들에서 규명하려는 인과관계의 사실체계를 더욱 지지되는 것으로 해석된다. 이와 관련하여 최근 국외의 연구들(Lotan, Merrick & Gamell, 2005; Gignac, 2003; Litwin & Shiovitz-Ezra, 2006; Netz, Wu, Becker & Tenenbaum, 2005; Scully, Kremer, Meade, Graham & Dudgeon, 1998)에서도 신체적 활동과 심리적 복지 또는 안녕감 간의 관계를 규명한 연구들에서도 유의미한 결과를 보고하고 있다. 한편 노인을 대상으로 한 국내의 연구(김동건, 조민행, 2004; 노은이, 2004; 이상구, 1998; 이종영, 2005; 임경희, 2006) 등에서도 신체적 활동 또는 적극적 여가활동과 심리적 복지와 같은 유사개념에서 유의미한 결과를 보고한 바 있다. 이는 선행연구(김경식, 1996; 김종도, 2002; 민경훈, 1996; 원효순, 2000; 이성철, 임용환, 2003: 생활만족과의 관련성을 보고하는 연구들)들과도 같은 맥락에서 해석되는 결과이다. 따라서 노인의 심리적 복지는 적극적인 여가활동으로서 노인여가복지시설의 생활체육프로그램에 참가하면서 인지수준을 달리할 수 있는 변인으로 설명할 수 있으며, 이는 참가 정도와 참가 동기 그리고 여가만족과 더 밀접한 관련성을 지닌다고 해석할 수 있다.

VI. 결론 및
제언

1. 결 론

이 연구는 노인여가복지시설의 생활체육프로그램 참가가 심리적 복지에 미치는 영향을 규명하는 데 목적이 있었다. 연구대상으로는 2006년 현재 충청권역에 거주하는 만 60세 이상의 노인으로 노인여가복지시설의 생활체육프로그램 참가자 308명이었다.

각 변인들이 포함된 설문지를 통하여 자료를 수집하였으며, 수집된 자료는 Windows용 SPSS/PC+12.0 Version을 이용하여 분석되었으며, 분석기법은 요인분석(factor analysis)과 신뢰도(reliability analysis) 검증, 기술통계분석, 일원 변량분석(One-way analysis of variance), 표준중다회귀분석(standard multiple regression analysis) 그리고 AMOS 5.0을 이용한 공변량구조분석(Corvariance Structure Analysis)이었다.

이러한 연구방법의 절차와 방법을 통하여 다음과 같은 결론을 얻었다.

1. 인구통계학적 특성에 따라 여가만족 및 심리적 복지는 부분적으로 차이가 있다.

1) 노인의 인구통계학적 특성변인에 따라 여가만족은 부분적으로 차이가 있다. 즉 연령에 있어서 75-79세 집단이 65-69세 집단보다 환경만족이 높으며, 배우자 유무에 따라 배우자가 없는 집단이 배우자가 있는 집

단보다 환경적 만족과 생리적 만족이 높았다.

2) 노인의 인구통계학적 특성변인에 따라 심리적 복지는 부분적으로 차이가 있다. 먼저 생활만족의 과거 생활만족에 대한 평가에서는 여자가 남자보다, 사회봉사활동 유무에 따라 과거 생활만족에 대한 평가에서는 사회봉사활동집단이 비활동집단보다 높았고, 미래 생활만족에 대한 기대에서는 활동집단이 비활동집단보다 높았다. 그리고 심리적 복지의 고독감은 성별에 따라 사회적 관계의 단절에 대한 인지는 여자가 남자보다, 좌절에 대한 정서적 경험은 남자가 여자보다 높았다.

2. 노인여가복지시설의 생활체육프로그램 참가는 부분적으로 여가만족에 영향을 미친다.

1) 노인여가복지시설의 생활체육프로그램 참가 정도는 여가만족에 부분적으로 영향을 미친다. 즉 생활체육프로그램 참가 시간이 길수록 심리적, 교육적, 환경적, 사회적, 생리적 여가만족이 높았다. 그리고 자주 참가할수록 환경적, 사회적 만족이 높으며, 참가한 기간이 길수록 교육적, 사회적, 생리적 만족이 높았다.

2) 노인여가복지시설의 생활체육프로그램 참가 동기는 여가만족에 부분적으로 영향을 미친다. 자기개발 동기가 높을수록 심리적, 교육적, 환경적, 사회적 만족이 높으며, 가정지향 동기가 높을수록 교육적 만족이, 사교지향 동기가 높을수록 환경적 만족이 높았다.

3. 노인여가복지시설 생활체육프로그램 참가는 심리적 복지에 부분적으로 영향을 미친다.

1) 노인여가복지시설 생활체육프로그램 참가는 심리적 복지의 생활만족에 부분적으로 영향을 미친다. 참가 정도에 따라서는 참가 기간이 짧을수록 현재 생활만족에 대해 평가가 높았다. 참가 시간이 길수록 미래 생활

만족에 대한 기대가 높았다. 참가 동기에 따라서는 자기개발 동기가 높을수록 과거 생활만족, 현재 생활만족 및 미래 생활만족이 높았다. 그리고 가정지향 동기가 높을수록 과거 생활만족에 평가가 높았으며, 건강지향 동기가 높을수록 미래 생활만족에 대한 기대가 높았다.

2) 노인여가복지시설 생활체육프로그램 참가는 심리적 복지의 고독감에 부분적으로 영향을 미친다. 참가 정도에 따라서는 참가 빈도가 낮을수록 사회적 역할 상실감이 높으며, 참가 시간이 길수록 좌절에 대한 정서적 경험이 높았다. 참가 동기에 따라서는 건강지향 동기가 높을수록 사회적 역할 상실감, 사회적 관계의 단절에 대한 인지, 좌절에 대한 정서적 경험이 높았다. 자기개발 동기가 높을수록 사회적 역할 상실감이 높으며, 소외감에 대한 인지 그리고 사회적 관계의 단절에 대한 인지가 높았다. 가정지향 동기가 높을수록 사회적 역할 상실감, 소외감에 대한 인지가 높았으며, 사교지향 동기가 낮을수록 사회적 역할 상실감이 높았다.

4. 여가만족은 심리적 복지에 부분적으로 영향을 미친다.

1) 여가만족은 심리적 복지의 하위차원인 생활만족에 부분적으로 영향을 미친다. 즉 여가만족의 교육적 만족이 높을수록, 환경적 만족이 낮을수록 과거 생활만족에 대한 평가가 높았다. 휴식적 만족이 높을수록 현재 생활만족을 높게 인지하며 그리고 교육적 만족과 휴식적 만족이 높을수록, 생리적 만족이 낮을수록 미래 생활만족에 대한 기대가 높았다.

2) 여가만족은 심리적 복지의 고독감에 부분적으로 영향을 미친다. 즉 여가만족의 교육적 만족과 휴식적 만족이 높을수록, 생리적 만족이 낮을수록 사회적 역할 상실감이 높았다. 또한 교육적 만족과 휴식적 만족이 높을수록, 생리적 만족이 낮을수록 고독감의 소외감에 대한 인지도가 높으며, 휴식적 만족이 높을수록 사회적 관계의 단절에 대한 인지도가 높았다. 그리고 교육적 만족과 휴식적 만족이 높을수록 고독감의 좌절에 대한

정서적 경험을 높게 인지하였다.

5. 노인여가복지시설 생활체육프로그램 참가와 여가만족 및 심리적 복지 간의 인과적 관계는 직·간접적인 효과가 있었다. 노인여가복지시설의 생활체육프로그램 참가 정도는 여가만족과 심리적 복지에 직접효과 및 여가만족을 통한 간접효과가 있었다. 생활체육프로그램 참가 동기는 여가만족 및 심리적 복지에 직·간접적인 효과가 있으며, 여가만족은 심리적 복지에 직접효과가 있었다.

2. 제 언

본 연구는 노인여가복지시설의 생활체육프로그램 참가가 심리적 복지에 미치는 영향을 규명하는 데 목적이 있었다. 일련의 연구분석 결과를 통해서 부분적으로 유의미한 결론을 얻었다. 본 연구의 수행과정에서 나타난 문제점과 후속연구를 위한 앞으로의 연구과제에 대하여 다음과 같은 제언을 하고자 한다.

첫째, 본 연구는 노인여가복지시설의 생활체육프로그램 참가를 통한 노인의 심리적 복지에 대한 인과관계를 규명함에 있어서 표집의 한계와 설문지를 수집하는 과정에 표출되었던 조사절차상의 문제들에 주의를 기울여 실시하였으나 문맥의 이해도 등 노년기에 나타날 수 있는 생리적 능력으로 인하여 한계가 나타날 수 있다. 이는 앞으로의 후속연구에서는 노인이나 유아처럼 설문지 이해도 측면에서 문제를 제기할 수 있는 연구대상에 대한 자료수집은 설문지에 의한 방법보다는 보다 심층면접이나 관찰법 등에 의한 다각적인 방법을 적용해야 할 것으로 사료된다.

둘째, 본 연구는 변인설정에 있어서 다양한 개념을 제시하고 있는 이론적 배경에 근거하였으나 보다 단순하고 명확한 의미를 제시하고 더욱 설명력 높은 변인설정을 위한 지속적인 노력이 요구된다고 판단된다. 따라서 본 연구의 주제는 체육학, 사회복지학, 노년학, 사회학 등 개념의 포괄성만큼이나 다양한 학문분야와 상호관계성이 높기 때문에 이들 학제 간 연구를 위한 노력이 후속연구의 과제라 하겠다.

셋째, 본 연구에서는 심리적 복지를 설명하는 개념선정에 있어서 정적 개념과 부적 개념의 측면에서 선정하였다. 즉 심리적 복지는 상대적 정서수준을 고려한 평가가 이루어져야 한다는 관점에서 생활만족과 고독감을 선정하였다. 이는 노인들의 생활체육참가의 영향력을 확인하려는 활동이론적 관점에서 접근하려는 선택이다. 그러나 생활만족은 상대적으로 낮은 설명력을 보임으로써 생활만족에 대한 변인설정 및 연구모형에 대한 심층적인 리뷰가 있어야 할 것이며 심리적 복지에 대한 학문적 공유를 할 수 있는 개념적 통일 노력도 있어야 할 것으로 판단된다.

참고문헌

강상조(1996). **체육연구방법.** 서울: 도서출판 21세기 교육사.

강 인, 최혜경(1998). 여성의 배우자 사별 스트레스 적용 과정에서 개인 내적 요인들의 중재적 역할. **대한가정학회지, 36**(4), 95-107.

강효민, 진종현(1997). 생활체육참여자의 참여 동기와 스포츠 활동만족도의 관계. **한국스포츠사회학회지. 8**(1), 165-176.

고승덕, 조숙행(1997). 노인의 삶의 질 향상을 위한 요인 추출. **한국노년학, 17**(2), 17-37.

고영복(1991). **현대사회문제.** 서울: 사회문화연구소.

권중돈(2003). **노인복지시설 현장에서의 프로그램 계획과 진행.** 한국노인복지시설협회. 2003년도 전국 노인양로시설 신규생활지도원연수회 자료집.

김경식(1999). **대도시 노인의 생활체육 참여와 여가만족 및 생활만족의 관계.** 미간행 석사학위논문. 서울대학교 대학원.

김경애(1998). **노인의 건강상태와 생활만족도의 관계에 관한 연구.** 부산대학교 대학원 석사학위논문

김다율(2006). **조손가족 조모의 심리적 복지감과 관련요인에 관한 연구.** 미간행 석사학위논문, 서울대학교 대학원.

김동건, 조민행(2004). 여가교육과 재가노인복지시설 노인의 심리사회적 건강. **한국체육학회지. 43**(4), 661-670.

김동배(1996). 노인여가서비스 활성화를 위한 연구. **연세행정논총. 137**-160.

김명자(1981). 주부의 취업 유무에 따른 가정 내 역할수행에 관한 비교 연구. **대한가정학회지 19**(3), 69-81.

김명자(1985). 가족관계에 대한 주부의 가치의식과 결혼만족도에 관한 연구.

아세아 여성연구. 24, 139-159.

김미라(2002). **노인의 생활 만족도에 영향을 미치는 요인 탐색.** 미간행 석사학위논문. 서울여자대학교 대학원.

김미애(1994). **시설수용 노인의 생활적응에 관한 연구 - 생활만족도를 중심으로.** 미간행 석사학위논문. 고려대학교 대학원.

김민주, 송효분(2000). 성격별 여가만족과 선호여가활동의 상관관계에 관한 연구. **여행학 연구. 11,** 29-48.

김상수(2005). **여가활동 유형이 여가만족에 미치는 영향에 관한 연구: 안양지역 학부형을 중심으로.** 미간행 석사학위논문. 안양대학교 경영행정대학원.

김연수(2003). **고령화사회에서 노인건강과 스포츠 활동의 관계.** 미간행 박사학위논문. 원광대학교 대학원.

김영혜(2004). **유배우 노인의 성역할태도, 가사노동분담 및 심리적 복지감에 관한 연구.** 미간행 박사학위논문. 부산대학교 대학원.

김오남(1998). **편모가족의 가족스트레스와 심리적 복지.** 미간행 박사학위논문. 전남대학교 대학원.

김정석, 김익기(2000). 세대 간 자원교환의 형태와 노인들의 생활만족도. **한국노년학. 20**(2), 155-168.

김종도(2002). **노인 복지관에 거주하는 노인들의 여가참여실태 및 생활만족에 관한 연구.** 미간행 석사학위논문. 명지대학교 대학원.

김치조(1993). 여가활동으로서의 스포츠 활동 참여와 스포츠 활동만족, 직무만족 및 생활만족의 공변량 구조분석. **서울대학교 체육연구소 논집. 14**(2), 85-100.

김태현(1998). 노후생활 준비 교육. **노후생활 준비 교육을 위한 대토론회 자료집. 1-22.**

김태현, 김동배, 김애순, 김미혜, 이영진(1999). 노년기 삶의 질 향상에 관한 연구(2). **한국노년학. 19**(1), 61-81.

김현화(1992). **성격특성에 따른 중년기의 적응에 관한 연구.** 미간행 석사학위논문. 이화여자대학교 대학원.

김혜경(1996). **노년기 부부관계에 따른 결혼만족도 연구.** 미간행 석사학위논문. 성신여자대학교 대학원.

김혜신(2003). **맞벌이부부의 부모역할갈등과 심리적 복지.** 미간행 석사학위논문. 전남대학교 대학원.

김화신(1999). **노인의 여가활동 유형에 따른 고독감의 정도에 관한 조사 — 노인대학 프로그램 참가자를 중심으로—.** 미간행 석사학위논문. 명지대학교 대학원.

노유자, 김춘길(1995). 가정노인과 양로원 노인의 체력. 자기효능. 일상생활활동능력 및 삶의 질에 관한 연구. **대한간호학회지 25**(2).

노은이(2004). 노인의 심리적 안녕감과 여가참여. 성격과의 관계. **한국체육학회지, 43**(6), 790-808.

동아일보. 2006, 1.

류연지(1996). **성격 및 욕구수준이 주관적 안녕에 미치는 영향.** 미간행 석사학위논문. 연세대학교 대학원.

민경훈(1996). **노인의 사회체육참가와 생활만족도의 관계에 대한 활동이론적 분석.** 미간행 박사학위논문. 전남대학교 대학원.

민유선(1998). **도시주부의 체육활동 참가가 여가 및 생활만족에 미치는 영향.** 미간행 석사학위논문. 순천향대학교 교육대학원.

박경숙(2005). **유교적 가치관이 여가활동 및 여가만족에 미치는 영향.** 미간행 석사학위논문. 경기대학교 대학원.

박금화(1983). **시설노인과 가정노인의 소외정도.** 미간행 석사학위논문. 경북대학교 대학원.

박란숙(1997). **입원노인환자의 삶의 질 결정요인에 관한 연구.** 미간행 석사학위논문. 경희대학교 대학원.

박수정(1992) **중년기 부인의 사회관계망과 심리적 복지감에 관한 연구.** 미간행 석사학위논문. 숙명여자대학교 대학원.

박정문(2001). **노인복지시설 입소노인들의 건강관련 삶의 질.** 미간행 박사학위논문. 전남대학교 대학원.

박정희(1999). **주부 우울에 영향을 미치는 개인 및 가족관계 변인—청소년 자녀가 있는 도시 중산층 전업주부를 중심으로—.** 미간행 박사학위논문. 경희대학교 대학원.

박진경(1994). 생활체육참가자와 여가만족의 관계. **서울대학교 체육연구소논집. 15**(1). 95-106.

박차상, 김옥희, 배창진, 엄기욱, 이경남, 정상양(2002). **한국노인복지론.** 서울: 책세상.

박충선(1998). 노년기의 생활시간과 생활만족도에 관한 연구. **한국노년학회. 18**(2). 30-46.

박현경(2002). **생활체육활동이 노인의 여가 및 생활만족도에 미치는 영향.** 미간행 석사학위논문. 한양대학교 교육대학원.

반경숙(2000). 한국노인의 사회적 관계: 가족과 지역사회와의 연계 정도. **한국사회학, 34**(3). 621-647.

방지선, 하지원(1995). 생활체육동호인 활동과 여가만족의 인과적 관계. **한국스포츠사회학회지. 제4호.**

보건복지부(2002). **보건복지통계.**

서용길(1998). **지역노인들과 비교한 시설노인들의 건강관련 삶의 질.** 미간행 박사학위논문. 전남대학교 대학원.

서효석(1992). **양로원 노인과 재가노인의 불안과 우울에 관한 비교조사.** 미간행 석사학위논문. 영남대학교 대학원.

설말순(2000). **실버타운생활이 노인의 삶의 질에 미치는 영향에 관한 연구.** 미간행 석사학위논문. 계명대학교 여성학대학원.

신기영 옥선화(1997). 중년기 주부의 가족역할 수행과 심리적 복지에 관한 연구. **대한가정관리학회지, 35**(1). 11-127.

신승연 (2000) 여가활동, 사회적 지지가 시설노인의 심리적 건강에 미치는 영향.

신재신(1993). 근관절 운동이 노인의 무력감 정도에 미치는 영향. **간호학회지. 23**(1). 107-117.

신효식(1993). **노부모-성인자녀간의 결속도, 자아존중감, 심리적 손상간의 인과모형탐색.** 미간행 박사학위논문. 한양대학교 대학원.

심은경(1983). **은퇴한 노인의 가정생활 적응에 관한 연구.** 미간행 석사학위논문. 숙명여자대학교 대학원.

오경숙(1990). **활동을 중심으로 한 노후 적응.** 미간행 석사학위논문. 한양대학교 대학원.

오병세 (2000). **노인여가 프로그램 활성화 방안에 관한 연구.** 미간행 석사학위논문. 상지대학교 행정대학원.

오영희, 정경희, 변재관, 이윤경(2002). **한국의 노인복지지표 개발에 관한 연구.** 한국보건사회연구원 연구보고서.

원영희(1995). 별거 형태가 한국노인의 심리적 행복감에 미치는 영향. **한국노년학, 15**(2), 97 - 104.

원형중(1994). 여가활동 참여가 수도권 거주 노인의 고독감, 여가만족, 생활만족에 미치는 영향. **한국노년학회지, 14**(2), 90 - 104.

원효순(2000). **노인의 댄스스포츠 참여와 여가만족 및 생활만족에 관한 연구.** 미간행 석사학위논문. 한남대학교 지역개발대학원.

유성렬과 최겸용(2003). 노인의 역할활동과 자존간과의 상관관계에 대한 연구. **천안대학교 진리논단, 8**, 287 - 308.

유성호(2000). **노인복지론.** 서울: 아시아미디어 리서치.

유수정(2002). **댄스스포츠 참여동기와 여가인지 및 심리적 복지감의 관계.** 미간행 석사학위논문. 한국체육대학교 대학원.

유정무 외(1986). **스포츠 심리학.** 민음사.

윤순덕(2004). **농촌노인의 생산적 활동과 심리적 복지.** 미간행 박사학위논문. 서울대학교 대학원.

윤영(1990). **노인의 결혼만족도에 관한 연구.** 미간행 석사학위논문. 전남대학교 대학원.

윤현희, 김명자(1994). 남녀노인의 스트레스와 대처행동, 적응감 연구. **한국노년학 14**(1), 17 - 32.

이가옥 외(1994). **노인생활실태분석 및 정책과제.** 한국보건사회연구원.

이금룡(2002). **한국노인의 사회활동:** 노년기 여가활동과 자원봉사활동을 중심으로.

이기숙(1984). 가족주기에 따른 부부적응의 변화. **부산여자대학 논문집, 17**, 601 - 617.

이길순(1999). **댄스스포츠 참가주부의 여가만족 및 생활만족에 관한 연구.** 미간행 석사학위논문. 단국대학교 대학원.

이봉걸(1998). **생활체육참가가 여가만족에 미치는 영향.** 미간행 석사학위논문.

한남대학교 지역개발대학원.

이상구(1998). 노인의 여가스포츠 참가와 사회적 지지 및 주관적 안녕감의 관계. **한국체육학회지. 37**(4). 160-174.

이상구, 강효민(1997). 직장인의 여가활동유형과 자아정체감 및 주관적 안녕감의 관계. **한국스포츠사회학회지. 7**(1), 65-76.

이선미(2001). **노년기 부부의 갈등과 심리적 복지.** 미간행 박사학위논문. 미간행 석사학위논문, 전남대학교 대학원.

이선영, 김희경(1998). 가정노인과 양로원 노인의 자존감과 삶의 질에 관한 연구. **공주문화대학 논문집, 25,** 491-504.

이성철(1996). **노인의 사회체육활동과 생활만족의 관계.** 미간행 박사학위논문. 서울대학교 대학원.

이신숙(1997). 노인의 성역할 태도와 부부적응에 관한 연구. **한국노년, 17**(2), 70-85.

이신숙(2002). **문화적 규범, 가족지지, 공적지지와 기능손상노인의 심리적 복지간의 관계연구.** 미간행 석사학위논문, 충남대학교 대학원.

이영자(1999). **단독가구 노인의 스트레스와 우울감―사회적 지지의 완충효과를 중심으로―.** 미간행 석사학위논문. 성신여자대학교 대학원.

이재형(2000). **대학생들의 스포츠 유형에 따른 여가만족도에 관한 연구.** 미간행 석사학위논문. 중앙대학교 대학원.

이정숙(1998). 노인문제에 따른 사회적응활동에 관한 연구-역할활동을 중심으로. **역사와 사회, 3**(21), 119-148.

이정순, 전원배(2004). 관광활동, 여가만족, 심리적 웰빙, 주관적 웰빙의 관계. **관광학연구. 28**(4), 149-172.

이종길(1992). **사회체육활동과 생활만족의 관계.** 미간행 박사학위논문. 서울대학교 대학원.

이종범. 서혜수, 정성덕(1984). 노인의 우울에 대한 연구. **한국노년학 4,** 44-52.

이종영(2005). 노인의 여가활동 참가가 성공적 노화를 위한 사회심리적 인지메커니즘에 미치는 영향. **한국체육학회지. 44**(3), 167-183.

이지연(2003). **노인복지시설 이용과 노인의 삶의 질 관계에 관한 연구.** 미간행 석사학위논문. 숙명여자대학교 정책대학원.

이철화(1995). **사회계층에 따른 스포츠 참여종목 결정요인과 만족도.** 미간행 석사학위논문. 한국교원대학교 대학원.

이춘희(1993). **남자노인의 역할활동과 생활만족도.** 미간행 석사학위논문 서울 대학교 대학원.

이혜원(2000). 가정봉사원의 노화사실인지 정도와 노인에 대한 태도. **한국사 회복지학회. 43**(1). 358-384.

이희정, 이숙현(1994). 취업모의 심리적 안녕. **대한가정학회지, 33**(6). 25-41.

임경희(2006). 스포츠참여가 노인의 복지만족 및 여가만족에 미치는 영향. **한 국체육학회지, 45**(1). 185-192.

임용환(2003). **도시 및 시골 노인의 생활체육 참여가 여가만족 및 생활만족에 미치는 영향.** 미간행 석사학위논문. 목표대학교 교육대학원.

임창희(2004). **노인의 생활특성과 생활만족도에 관한 연구.** 미간행 박사학위 논문. 성신여자대학교 대학원.

임춘식(2001). **고령화사회의 도전.** 서울: 나남출판.

장문영(2002). **저소득 독거노인의 사회심리적 상태와 사회복지서비스 개선방 안: 동두천시 재가독거노인 사례를 중심으로.** 미간행 석사학위논문. 국민대학교 대학원.

장상희, 조정문(1985). 부산시 노인들의 생활실태 및 생활만족도. 부산대학교 사회조사연구소(편). **부산지역사회연구,** 75-114.

장연(2002). 현대노인의 여가활동유형과 생황만족도에 관한 연구. **대한가정학 회지, 36**(6). 1-12.

장재정(1987). **중년여성의 성역할 정체감과 심리적 건강에 관한 연구.** 미간행 박사학위논문. 고려대학교 대학원.

장혜경(1998). **한국노인의 안녕 척도 개발.** 미간행 박사학위논문. 고려대학교 대학원.

전신아, 신재신(1993). E-양로원 노인의 건강상태. 무력감. 생활만족도 조사. **부산의대 학술지, 33**(1).

전영자(1991). 전문직 취업주부의 스트레스와 대처방안 및 심리적 복지에 관 한 연구. **한국가정관리학회지, 9**(2). 232-343.

정경희(1995). 노인들의 사회적 연계망에 관한 연구. **한국노년학, 15,** 52-68.

정상택(1992). 스포츠 심리학. **경북대학교 체육과학연구소** 종서5.

정용승, 최재성(1999). 생활체육참가자의 스포츠 참여 동기가 여가만족에 미치는 영향. **한국스포츠사회학회지, 11호.**

조명희(1997). 노인들의 생활 상태에 관한 연구Ⅱ —청주시 노인들의 여가활동을 중심으로—. **서원대학교 응용과학연구, 6**(1), 63-53.

조성남(2001). 노인의 건강과 가족. 변화하는 노인의 삶과 노인복지. **한양대학교 출판부,** 221-268.

조아영(2003). **노인의 신체·심리·사회적 건강상태가 건강행위에 미치는 영향.** 미간행 석사학위논문, 한림대학교 사회복지대학원.

진종현(1998). **사회계층과 스포츠참여동기 및 활동만족도의 관계.** 미간행 박사학위논문, 건국대학교 대학원.

차성환(1999). **노인종합복지회관과 노인의 삶의 질과의 관계 연구.** 미간행 석사학위논문. 연세대학교 대학원.

채수원, 오경옥(1992). 노인의 사회적 지지가 삶의 질에 관한 연구. **대한간호학회지, 22**(4).

최규련(1984). 부부의 성역할태도와 결혼만족도에 관한 연구(1). **한국가정학회지, 22**(2), 91-102.

최덕신(1993). **중년기 부부의 사회관계망과 자기존중감에 관한 연구-친구관계를 중심으로.** 미간행 석사학위논문. 아회여자대학교 대학원.

최성재(1986). 교환이론적 관점에서 본 노인문제. **한국사회복지학, 7,** 147-165.

최수정(2000). **도구개발을 통한 한국노인의 삶의 질에 관한 조사연구.** 미간행 박사학위논문. 이화여자대학교 대학원.

최혜경(1998). **중, 노년기 여성의 배우자 사망에 대한 적응: 사회적지지와 자기복합성의 중재적 효과.** 한국학술진흥재단 연구결과논문자료집.

하양숙(1991). **집단회상의 노인의 심리적 안녕에 미치는 영향에 관한 연구.** 미간행 박사학위논문. 서울대학교 대학원.

한국갤럽조사연구소(1984). **한국 노인의 생활과 의식구조.** 서울: 한국갤럽조사연구소 출판부, 333-334.

한국보건사회연구원(1995). **노인생활 실태분석 및 정책과제.** 서울: 한국보건사회연구원.

한형수(2002). **한국사회 도시노인의 삶의 질에 관한 연구.** 미간행 박사학위논문. 고려대학교 대학원.

현대전(2005). **생활체육 참여 실태와 여가만족 및 생활만족의 관계 분석.** 미간행 석사학위논문. 제주교육대학교 교육대학원.

홍세희(2000). 구조방정식 모형의 적합도 지수 선정기준과 그 근거. **한국심리학회지, 19,** 161-178.

홍승우(2001). **노인의 일상생활과 성공적인 노화.** 미간행 석사학위논문. 이화여자대학교 대학원.

Adelmann, R. B. (1994). Multiple roles and psychological well-being in a national sample of older adults. *Journal of Gerontology, 49*(6), 277-285.

Anderson, S. A., Russell, C. S. & Schumm, W. A. (1983). Perceived marital quality and family life-cycle categories: A further analysis. *Journal of Marriage and the Family. 45,* 127-139.

Andrews, F. M. & Withdy, S. B. (1976). *Social indicators of well-being: America's perception of life quality.* New York: Plenum Press.

Andrews, F. M., and J. P. Robinson. (1991). *Measures of personality and social psychological attitudes. in Measures of Social Psychological Attitudes Series.* San Diego: Academic Press.

Atchley, R. C. (1985). *The social forces and aging.* Belmont, CA: Wadsworth.

Atchley, R. C. (2001). *Social forces and aging: An Introduction to social gerontology*(9th ed.). Wadsworth.

Atchley, R. C. & Miller, (1983). *Families relationship in later life.* Beverly Hills, CA: Sage.

Atchley, R. C.(1980). *The social forces in later life* (2nd ed.). Belmont, CA: Wadsworth.

Atechley, R. C. (1975). Dimensions of Widowhood in Later Life, *The Gerontologist, 15,* 176-178.

Atkinson, J. W. (1958). *Motives in Fantasy, Action and Society: A*

Method of Assessment and Study Princeton, N. J.: Van Nostrand.

Baines, E. M. (1981). *An investigation of life satisfaction in the nursing home resident in selected rural midwest communities*. Dissertation Abstracts International, 42, 2321A.

Beard, J. & Ragheb, M. G. (1980). Measuring leisure satisfaction. *Journal of Leisure Research, 12(1).* 20-33.

Beck, A. T. (1967). *Depression: Clinical, experimental and theoretical aspects.* N.Y.: Harper & Row.

Bradburn, (1969). *The structure of psychological well-being*(Chicago: Aldine, 1969), p.83.

Brooks, J. B. & Elliott, D. M. (1971). Prediction of psychological adjustment at age thirty from leisure time activities and satisfaction in childhood. *Human Development, 14,* 51-61.

Browne, M. W. & Cudeck, R. (1993). Alternative ways of assessing model fit. In K. A. Bollen & J. S. Long(Eds.). *Testing structural equation models.* Newbury Park, CA: Sage.

Bryant, F. B. & Veroff, J. (1982). The structure of psychological well-being: A sociohistorical analysis. *Journal of Personality and Socal Psychology, 43(4).* 653-673.

Bull, C. N. & Aucoin, J. B. (1975). Voluntary association patterns and successful aging. *Journal of Gerontology, 29,* 416-422.

Bultena, F, B. & Wood(1970). Leisure orientation and recreational activities of retirement community residents. *Journal of Research, 2,* 3-15.

Campbell, A., Marsden, & Herbert. (1986). Social resource and socioeconomic status. *Social Networks. 8,* 97-117.

Chatfield, (1977). Economic and sociological factors influencing life satisfaction of the aged. *Journal of Gerontology 32:* 593-599.

Cotten, S. R. (1999). Matrital status and mental health revisited: Examining the importance of risk factors and resources. *Family Relations, 48(3),* 225-233.

Cox, R. H. (1991). Exercise training and response to stress insights from animal model. *Medicine and Science in Sports and Exercise 23*(7). 653-859.

Creecy, R. F., Berg, W. E. & Wright, R. W. (1985). Loneliness among the elderly: A causal approach. *Journal of Gerontology, 40*(4), 487-493.

Cumming, E. & Henry, W. E. (1961). *Growing old: The process of disengagement.* N.Y.: Basic Books.

DeCarlo, T. J. (1974). Recreational participation patterns and successful aging. *Journal of Gerontology, 29*(4), 416-422.

Diener, E. (1984). Subjective well-being. *Psychological Bulletin, 95,* 543-575.

Ducharme, F. (1994). Conjugal support, coping behaviors and psychological well-being of the elderly spouse. *Research on Aging, 16*(2), 167-190.

Dumazedier (1974). *Sociology of leisure.* New York: Elsevier.

Dungan, J. M., Brown, A. V. & Ranesy, M. A. (1996). Health maintenance for the independent frail older adult can it improve physical and mental well-being? *Journal of Advanced Nursing, 23,* 1185-1193.

Durkheim (1951) *Suicidue.* Glencoe, IL: Free Press.

Flanagan, J. C. (1978). A research approach to improving our quality of life. *Americans Psychology. 33.* 138-147

George, L. K. (1980). *Role transitions in later life.* California: Brooks/Cole Publishing Co.

Giddens, A. (2000). *Introduction to Sociology.* N.Y.: W.W. Norton.

Gignac, M. A. M. (2003). Leisure time physical activity and well-being: Learning from people living with arthritis. *Journal of Rheumatology. 30*(11), 2299-2301.

Graney, M. J. (1975). Happiness and social participation in aging. *Journal of Gerontology, 30,* 701-706.

Han, S. (1988). The relationship between life satisfaction and flow in elderly Korean immigrants. In Csikszentmihalyi, M. & Csikszentmihaly, L.S.(Eds). *Optimal Experience: Psychology studies of flow in consciousness*(pp.138－149). Cambridge: Cambridge University Press.

Harris, R. & Frankel, L. J. (1977). *Guide to fitness after fifty.* N.Y.: Plenum Press.

Havighurst, R. J.(1977) A social psychological perspective on aging. *Let's Learn about Aging: A book of Reading.* J. R. Barry and Wingrove(eds). N.Y.: Schenkman Book Inc.

Havighurst., R. J. & Albrecht, R. (1953). *Older people.* New York: Lomgmans, Green.

Howe, C. Z. (1988). Selected social gerontology theories and older adult leisure involvement: A review of the literature. *Journal of Applied Gerontology, 6,* 448－463.

Iso－Ahol, S. E. & Allen, J. R. (1982). The dynamics of leisure motivation: the effects of outcome on leisure needs. *Research Quarterly for Exercise and Sport 53(2),* 141－149.

Iso－Ahola, S. E. (1980). *The social psychology of leisure and recreation.* Dubuque, IA: Wm. C. Brown Company Publishers.

Iso－Ahola, S. E. (1993). Toward a social psychological theory and tourism motivation: A rejoinder. *Analysis of Tourism Research, 12.* 256－262.

Kahn, R. L. & Juster, F. T. (2002). Well－being: Concepts and measures. *Journal of Social Issues, 58,* 627－644.

Kalish, R. Q. (1975). *Late adulthood: Perspectives on human development.* Berkley: Cole Publishing Co.

Keith, P. M. & Brubaker, T. H. (1979). Male household roles in life: A look at masculinity and marital relationships. *Family Coordinator, 8,* 497－502.

Kelly, J. R. (1987). Later life satisfaction: Does leisure contribute? *Leisure Services,* 9, pp.189－200.

Kelly, J. R., Steinkamp, M. W. & Kelly, J. R. (1987). Later-life satisfaction: Does leisure contribute?. *Leisure Science 9*: 190-200.

Kenyon, G. & Schutx, R. (1970). *Patterns of involvement in sport: A stochastic view.* In G. S. Kenyon and T. M. Grogg(Eds), Contemporary psychology of sport.

Keyes, C. L. M. (2002). The exchange of emotional support with age and its relationship with emotional well-being by age *Journals of Gerontology*, 57, 518-P525.

Kivett, V. R. (2000). Very-old rural adults: Functional status and social support. *Journal of Applied Gerontology*, *19*(1), 58-77.

Klemmack, D. L. & Roff, L. L. (1984). Fear of personal aging and subjective well-being in later life. *Journal of Gerontology 39:* 756-758.

Krause, M. (1993). Neighborhood deterioration and social isolation in later life. *International Journal of Aging and Human Development*, *36*, 9-38.

Krause, N. (1986). Social support, stress and well-being among older adults. *Journal of Grontology*, *4*(4), 512-519.

Krause, N., Herzog, A. R. & Baker, E. (1992). Providing support to others and well-being in later life. *Journals of Gerontology*, *47*, 300-311.

Larson, R. (1978). Thirty years of research on the subjective well-being of older Americans. *Journal of Gerontology*, *33*(1), 109-125.

Larson, R., Zuzanek, J., Mannell, R. (1985). Being alone versus being with people: Disengagement in the daily experience of older adults. *Journal of Gerontology*, *40*(3), 375-381.

Lawton, M. P. (1972). *The Dimensions of Morale Research Planning & Action for the Elderly*, ed. K. R. Kastenbaum & S. Sherwood(New York: Behavioral Publications, 1972), p.148.

Lawton, M. P. (1980). Environment and other determinants of well-being in old people. *The Robert W. Kleemeier Memorial Lecture: 23*(4).

226－230.

Lemon, B. W., Bengston, W. L. & Peterson, J. A. (1972). An exploration of the activity theory of aging: Activity types and life satisfaction among in movers to a retirement community. *Journal of Gerontology*, *27*, 511－523.

Liang, J. (1982). Sex Differences in Life Satisfaction Among the Elderly. *Journal of Gerontology 37*: 100－108.

Liang, J. & Wafer, B. L. (1983). Urbanism and Life Satisfaction Among the Aged. *Journal of Gerontology 38*. 97－106.

Lin, N. (1982). Social resources and Instrumental Action.: 130－146, P. Marsden and N. Lin(Eds.), *Social structure and network analysis*, CA: Sage.

Litwin, H. & Shiovitz－Ezra, S. (2006). The association between activity and wellbeing in later 0life: What really matters? *Ageing and Society*, *26*(2), 225－242.

London, M., Crandall, R. & Seals, G. W.(1977). *The contribution of job and leisure satisfaction to quality of life.*

Lopata, H. Z. (1973). Widowhood in an American City. MA: Schenkman.

Lotan, M., Merrick, J. & Gamell, E. (2005). A review of physical activity and well－being. *International Journal of Adolescent Medicine and Health*, *17*(1), 23－41.

Maddox, G. L. (1963). Activity and Morale: A Longitudinal study of selected elder subjects. *Social Forces*, *42*, 195－204.

Maddox, G. L. (1987). *The encyclopedia of aging*. New York: Springer.

Markides, K. & Krause, N. (1985). Intergenerational solidarity and psychological well－being among older Mexican American: A three generation study. *Journal of Grontology*, *40*(3), 390－392.

Marks, N. F. (1996). Flying solo at midife: Gender, marital status and psychological well－being. *Journal of Marriage and the Family*, *58*(4), 917－932.

Mastekaasa, A. (1992). Marriage and psychological well-being: Some evidence on selection into marriage. *Journal of Marriage and the Family, 54*(4), 901-917.

Medley, M. L. (1976). Satisfaction with life among person sixty-five and older. *Journal of Gerontology, 31*, 448-455.

Meeberg, G. A. (1993). Quality of life: A concept analysis, *Journal of Advanced Nursing, 18*, 32-38.

Mirowsky, J. & Rose, C. E. (1989). *Social causes of psychological distress.* N.Y.: Aldne de Gruyter.

Mirowsky, J. & Rose, C. E. (1995). Sex differences in distress: Real or artifact? *American Sociological Review, 60*, 449-468.

Monk, A. (1994). United States, In J. I. Kosberg(Eds.). Internationals *Handbook on services for the elderly*(pp.445-457). Westport, CT: Greenwood Press.

Netz, Y., Wu, M. J., Becker, B. J. & Tenenbaum, G. (2005). Physical activity and psychological well-being in advanced age: A meta-analysis of intervention studies. *Psychology and Aging, 20*(2), 272-284.

Neugarten, B. (1974). Age group in american society and the rise of young -old. *Annuals of the American Academy of Political and Social Science. 415*, 187-198.

Neugarten, B. L. & Havighurst, R. J. (1969). *Disengagement reconsidered in a cross-national context.* Ch 9. In Havihurst et al.(Eds.). Adjustment to A Cross-national Study. Netherlands: Van Gorkum.

Neugarten, B. L., Havighurst, R. J. & Tobin, S. S. (1961). The measurement of life satisfaction. *Journal of Gerontology, 16*, 134-143.

Okun, M. A. (1987). Life Satisfaction. G. L. Maddox(Eds.), *Encyclopedia of Aging.* New York. Springer: 339-401.

Orbuch, J. L., House, J. S., Mero, R. P. & Webstar, P. S. (1996). Marital quality over the life course. *Social Psychology Quarterly 59*(2): 162-171.

Pearlman, Gerson, Spinner, (1978). Loneliness among senior citizens: An empirical report. *Essence*, *2*(4), 239-248.

Peplau, L. A. & Perlman, D. (1982). *Perspectives on loneliness*. In L. A. Peplau & D. Perlman(Eds), Loneliness: A Wourcebook of Current Theory, Research and Therapy(pp.1-20). N.Y.: Wiley Interscience.

Peppers, L. G. (1976). Patterns of leisure and adjustment to retirement. *Gerontology*, *16*, 441-446.

Pinquart, M. & Sorensen, S. (2000). Influences of socioeconomic status, social network and competence on subjective well-being in later life: A meta-analysis. *Psychology and Aging*, *15*, 187-224.

Pot, A. M., Deeg, D. J. H. & Van Dyck, R. (1997). Psychological well-being of informal caregivers of elderly people with dementia: Changes over time. *Aging and Mental Health*, *1*, 261-268.

Preston, (1987). *Factors affecting nursing home residents' loneliness, leisure satisfaction and leisure satisfaction of older black adults*. Dissertation Abstracts International, 35, 5700B. (university Microfilms No.75-10, 256)

Ragheb & Grffith, (1982). The contribution of leisure participation and leisure satisfaction to life Satisfaction of older Persons. *Journal of Leisure Research*, *Vol.14.*, pp.295-306.

Rathbone-McCuan & Hashini, J. (1982). *Isolated Elders*. Rockville, MD. Aspen Publication.

Reichard, S. Livson, F. & Peterson, P. G. (1962). *Aging and personality*. N.Y.: John Wiley.

Riddick, C. C. & Daniel, S. N. (1984). The relative contributions of leisure activities and other factors to the mental health of older women, *Journal of Leisure Research*, *16*(2), 136-148.

Rosenberg, K. J. (1997). Loneliness and the perception of the exchange of disclosure. *Journal of social and Clinical Psychology*, *16*, 259-276.

Russell, D. V. (1987). The importance of recreation satisfaction and activity participation to the life satisfaction of age segregated retires. *Journal* of Leisure Research, 19, 273-283.

Russell, D., Peplau, L. A. & Cutrona, C. E. (1980). The revised UCLA loneliness scale: Concurrent and discriminant validity evidence. *Journal of Psychology, 39*(3), 471-480.

Ryan. E. D. & Kovacic, C. (1966). *Pain tolerance and athletic participation.* *Andragogy Today. 5(2),* 1-22

Ryff, C. D. & Essex, M. J. (1991). Psychological well-being in adulthood and old age: Descriptive makers and explanatory processes. In K. Waner Schaie & M. Powell Lawton(Eds.), *Annual review of gerontology and griatics: Vol.11*(144-171). New York: Springer Publishing Company.

Ryff, C. D. & Keyes, G. L. M. (1995). The Structure of Psychological Well-being revisited. *Journal of Personality and Social Psychology 69*: 719-729.

Schram, R. W. (1979). Marital Satisfaction over the Family Life Cycle: A Critique and Proposal. *Journal of Marriage and Family 42*: 743-756.

Schumacker, R. E. & Lomax, R. G. (1996). *A beginner's guide to structural equation modeling.* Hillsdale, N.J.: Lawrence Erlbaum Associates.

Scully, D., Kremer, J., Meade, M. M., Graham, R. & Dudgeon, K. (1998). Physical exercise and psychological well being: A critical review. British *Journal of Sports Medicine, 32,* 111-120

Shanas, E., Townsend, P., Weddernurn, D., Friis, H., Milhej, P. & Stehouer, J. (1968). *Old People in Three Industrial Societies.* N.Y.: Atherton.

Silverstein, M., Chen, X. & Heller, K. (1996). Too much of a good thing? Intergenerational social support and the psychological well-being of older parents. *Journal of Marriage and the Family, 58*(4), 970-982.

Sneegas, J. J. (1986). Components of life satisfaction in middle and later life adults: Perceived social competence, leisure participation and life satisfaction. *Journal of Leisure Research, 18*(4), 248-258.

Stallings, M. C. & Dunham, C. C. (1997). Relationships among life events and psychological well – being: More evidence for a two – factor theory of well – being. *Journal of Grontology, 16*(1), 104 – 115.

Steinkamp & Kelly (1987), Social integration, leisure activity and life satisfaction in older adults: Activity theory revisited. *International Journal of Aging and Human Development 25*(4), 293 – 307.

Turner & Lloyd, (1998). *The stress process and the social distribution of depression. paper* presented at the Seventh International Conference on Social Stress Research. Budapest, Hungry.

Turner, D. & Marino, F. (1994). Social support and social structure: A descriptive epidemiology. *Journal of Health and Social Behavior 35*: 193 – 212.

Umberson, D., Chen, M. D., House, J. S., Hopkins, K., and Slaten, E. (1996). The effect of social relationship on psychological well – being: Are men and women really so different? *American Sociological Review 61*(October): 837 – 857.

Wan, T. T. H., Odell, B. G. & Lewis, D. T. (1982). *Promoting the well – being of the elderly: A community diagnosis.* New York: Howorth Press.

Weiss, R. S. (1973). *The Study of Loneliness.* In R. S. Weiss(Ed.), Loneliness: The experience of emotional and social isolation. Cambridge, MA.: MIT Press.

White, L. & Edwards, J. N. (1990). Emptying the nest and parental well – being: An analysis of national panel data. *American Sociological Review, 55,* 235 – 242.

Williams, L. A. (1978), A concept of loneliness in the elderly. *Journal of the American Geriatric Society, 24,* 183 – 187.

Won, H. J. (1989). *The daily leisure of korean school adolescents and its relationship to subjective well – being and leisure function.* Unpublished Doctoral Dissertations. University of Oregon.

• 저자 •

김현숙 　•약 력•
　　　　건국대학교 사범대학 체육교육과 졸업
　　　　건국대학교 교육대학원 체육과 졸업(석사)
　　　　건국대학교 대학원 졸업(박사)
　　　　건국대학교 외래교수
　　　　고려대학교 외래교수

　　노인여가복지시설의 생활체육프로그램 참가가
　　　　심리적 복지에 미치는 영향

• 초판 인쇄　2008년 3월 10일
• 초판 발행　2008년 3월 10일

• 지 은 이　김현숙
• 펴 낸 이　채종준
• 펴 낸 곳　한국학술정보㈜
　　　　　　경기도 파주시 교하읍 문발리 513-5
　　　　　　파주출판문화정보산업단지
　　　　　　전화　031) 908－3181(대표) · 팩스　031) 908－3189
　　　　　　홈페이지　http://www.kstudy.com
　　　　　　e－mail(출판사업부)　publish@kstudy.com
• 등　　록　제일산－115호(2000. 6. 19)
• 가　　격　23,000원

ISBN　978-89-534-8278-4 93330 (Paper Book)
　　　　978-89-534-8279-1 98330 (e－Book)